100 RECETTES
SANS CUISSON

webedia/books.

SOM
MAIRE

LE GUIDE pratique de la cuisine sans cuisson

LES ALTERNATIVES À LA CUISSON

Votre four est en rade, vous avez perdu vos poêles, ou votre cuisine n'est tout simplement pas équipée ? Pas d'inquiétude, il existe de bonnes alternatives à la cuisson vous permettant de manger frais et sain, mais aussi de préparer des petits plats réconfortants, des desserts chics ou des goûters régressifs.

LE TOUT CRU

Le plus évident, lorsque l'on ne souhaite pas avoir recours à de la cuisson, est de manger des aliments crus. Les salades par exemple, permettent de réaliser une multitude de repas en variant les produits, en choisissant des légumes et des fruits de saison et en adaptant les quantités facilement. On peut les agrémenter à l'envi et les options sont infinies.

Si elles passent pour les reines du tout cru, les salades n'en ont cependant pas le monopole. Les aliments crus se consomment aussi en carpaccio et en tartare - veggies ou flexis.

Il va sans dire que les recettes utilisant des produits crus doivent faire l'objet d'une attention toute particulière quant à la fraîcheur de ces derniers.

LE PRODUIT MIXÉ

Mixer des ingrédients permet de concocter bon nombre de recettes facilement sans avoir à les faire cuire. De l'entrée au dessert, en passant par le plat et même la boisson, vous pouvez élaborer un menu entier à partir de produits mixés. Des tartinades apéritives, des gaspachos et autres soupes froides, des pâtes à tartiner, des smoothies, des lassis, des milkshakes, etc. Les possibilités sont multiples. Le seul petit hic étant qu'il faut bien sûr être équipé d'un mixeur ou d'un blender.

LA MARINADE

La marinade consiste à faire tremper à froid un aliment dans un liquide, souvent agrémenté d'autres ingrédients comme des épices ou des aromates. Elle a pour but non seulement de donner de la saveur au produit principal que l'on fait mariner, mais aussi de travailler sa texture. La marinade est employée en particulier pour les viandes et les poissons, mais peut aussi être bénéfique pour des recettes veggies, voire véganes. Les ceviches et les pickles sont de parfaits exemples de recettes ayant recours à une marinade.

Une bonne marinade est généralement constituée d'un corps acide et d'un corps gras ; elle doit être réalisée à froid et dans un récipient hermétique. Tout cela permet en effet de ralentir le développement de bactéries, ce qui en fait une très bonne technique de conservation.

Le vin, le vinaigre, le jus de citron, l'huile d'olive, l'ail, l'échalote, le thym, le laurier, etc. sont par exemple des ingrédients propices dans lesquels faire mariner un produit. Vous pouvez toutefois laisser libre cours à votre imagination et à votre instinct culinaire pour agrémenter vos marinades d'épices et d'aromates qui conféreront à vos plats sans cuisson des saveurs inédites.

LA SAUMURE

Ce procédé culinaire très ancien, plus rarement employé dans la cuisine de tous les jours, consiste à faire macérer un ingrédient dans une solution constituée d'eau et de sel. Le principal intérêt de la saumure est la conservation d'un ingrédient, mais elle est toutefois employée dans certaines recettes comme technique pour apporter un goût particulier et modifier la texture d'un aliment cru. C'est le cas par exemple du kimchi, mets traditionnel coréen composé d'ingrédients fermentés et saumurés. Vous pouvez en retrouver une version express dans ce livre, p. 83.

Quelques procédés typiques de la cuisine sans cuisson

Le carpaccio

Le carpaccio est une recette traditionnelle de la cuisine italienne. Il s'agit au départ d'un plat à base de viande de bœuf coupée en très fines tranches et agrémentée d'un peu d'huile d'olive, de jus de citron et d'assaisonnement. La technique du carpaccio peut être déclinée en de multiples variantes, avec d'autres viandes, poissons ou fruits de mer (à condition qu'ils soient consommables crus) et bien sûr avec tout un tas d'assaisonnements. On peut même élaborer des carpaccios végétariens à base de légumes et de fruits.

Le tartare

Le tartare est une recette à base de viande de bœuf crue hachée au couteau et agrémentée de toutes sortes de condiments et d'aromates. Dans la version traditionnelle du tartare, la viande crue est généralement mélangée avec un jaune d'œuf, de la moutarde, de la sauce Worcestershire, des oignons, des cornichons, des câpres et des herbes. Par extension, on désigne par le terme « tartare » un aliment cru et haché, agrémenté de divers ingrédients aromatiques, tels que des poissons ou des légumes.

Le ceviche

Le ceviche est une préparation à base de poisson - le plus souvent un poisson à chair blanche - ou de fruit de mer originaire d'Amérique du Sud. Le poisson est coupé puis mis à mariner dans du jus de citron ou de citron vert agrémenté d'oignons, de coriandre ou autres aromates. Le jus de citron crée alors ce qu'on appelle une « cuisson acide » qui modifie la texture du poisson.

Le gravlax

Plat typique des pays nordiques, le gravlax est préparé à partir de filets de saumon mis à macérer dans une marinade sèche à base de sel, de sucre et d'épices. Ce livre vous propose une recette de gravlax p. 102.

Les pickles

Les pickles sont des légumes mis en saumure dans une préparation à base de vinaigre et agrémentée d'aromates. On utilise les pickles comme condiments. Retrouvez le procédé pour faire des pickles de légumes p. 38.

PRÉCAUTIONS ET RÈGLES DE BASE DU SANS CUISSON

Lorsque l'on cuisine sans cuisson, il faut redoubler d'attention quant à la fraîcheur des produits, car manger cru n'est pas sans risque. Le fait de faire cuire un ingrédient permet en effet de tuer la plupart des bactéries ne survivant pas à une température supérieure à 70 °C. Sans cette étape, il faut donc être particulièrement vigilant et respecter des règles d'hygiène élémentaires (mais qu'il est bon d'avoir bien en tête). Voici donc un petit rappel des précautions à prendre, du choix du produit jusqu'à sa conservation.

CHOISIR

Cela semble évident, mais on ne le répètera jamais assez : la première règle à suivre lorsque l'on cuisine sans cuisson est de choisir des aliments extra-frais et de bonne qualité. C'est d'autant plus important lorsque les aliments en question sont fragiles ou rapidement périssables, comme la viande ou le poisson. D'une manière générale, pour évaluer la fraîcheur d'un produit, il n'y a pas vraiment de mystère. Regardez, touchez, sentez, et appliquez l'adage suivant : lorsqu'il y a un doute, il n'y a pas de doute.

Les légumes
Certains légumes ne sont malheureusement pas consommables crus, c'est le cas de la pomme de terre et de l'aubergine par exemple. Pour les autres, les mêmes règles que pour les fruits s'appliquent (voir ci-dessous).

Les fruits
Tous les fruits ou presque peuvent être utilisés crus sans trop de problème. Veillez simplement à les choisir soigneusement ; ils ne doivent pas présenter de taches ou de traces de moisissure. Vérifiez également l'absence d'insectes ou de vers.

Prenez des fruits plus ou moins mûrs selon ce que vous souhaitez en faire et selon le moment de consommation.

Petit conseil : privilégiez le bio, le local et les fruits de saison, non emballés lorsque cela est possible.

Attention, gardez-vous de consommer les fruits issus d'une cueillette sauvage pour éviter tout risque. Si vous souhaitez tout de même vous lancer, redoublez d'attention et respectez dans tous les cas ces règles simples : ne mangez jamais un fruit placé à faible hauteur et lavez bien les fruits que vous avez cueillis vous-même.

Les œufs
Les œufs peuvent dans certains cas se manger crus, comme dans les mousses, le tiramisu ou la mayonnaise par exemple. Il faut alors les choisir extrêmement frais en regardant de près la DLC et la date de ponte. Un œuf frelaté a par ailleurs une odeur très désagréable.

Attention, lorsque vous cassez un œuf pour le manger cru, faites en sorte qu'il n'entre pas en contact avec la partie externe de sa coquille, elle pourrait être porteuse de bactéries.

La viande
Plus vous choisissez une viande fraîche, mieux c'est. Privilégiez un achat chez le boucher, il saura vous conseiller et pourra même faire la découpe de la viande à la demande. Une fois votre pièce en main, il est très important de respecter les précautions suivantes :

- Transporter la viande dans un emballage isotherme et rentrer rapidement ;
- Mettre la viande dans la partie la plus froide du réfrigérateur (voir la rubrique Conserver p. 14) ;
- La consommer très rapidement (l'idéal étant de faire son achat au dernier moment).

> **Attention,** certaines viandes ne doivent jamais être mangées crues. C'est par exemple le cas du porc, du poulet ou de la dinde (voir la rubrique Les interdits p. 12). Si vous avez un doute, n'hésitez pas à vous renseigner.

Le poisson
Les poissons à privilégier pour une consommation sans cuisson sont le saumon et la truite, le thon, le bar et la daurade. Le ceviche et le procédé de marinade dans du jus de citron ou de citron vert permettent un choix plus large, en privilégiant les poissons à chair blanche. N'hésitez pas à vous renseigner sur le type de poisson qu'il convient d'utiliser avant de commencer une telle recette. Bien entendu, il faut quoi qu'il en soit choisir des poissons extrêmement frais, chez votre poissonnier dans l'idéal, et déjà vidés. Respectez ensuite les mêmes règles que pour la viande, à savoir :

- Transporter le poisson dans un emballage isotherme et rentrer rapidement ;
- Mettre le poisson dans la partie la plus froide du réfrigérateur (voir la rubrique Conserver p. 14) ;
- Le consommer très rapidement (l'idéal étant de faire son achat au dernier moment).

> **Attention,** ne consommez pas crus les poissons issus de votre propre pêche. Le poisson sauvage peut en effet être porteur d'anisakis, des parasites responsables de troubles digestifs graves.

Le fromage
Tous les fromages peuvent être mangés crus - et ils le sont la plupart du temps. Il faut toutefois simplement vérifier que le fromage est encore bon : qu'il n'a pas changé de couleur ni ne présente des traces de moisissure.

> **Attention,** les fromages au lait cru présentent un risque pour les jeunes enfants, les femmes enceintes et les personnes immunodéprimées. Demandez toujours conseil à votre fromager ou vérifiez les emballages. Ceux des fromages au lait cru portent toujours la mention "lait cru".

Les produits laitiers
Les produits laitiers (le lait, la crème, les yaourts), s'achètent généralement sous emballage. Soyez donc bien attentif à la DLC (date limite de consommation) et à l'aspect du produit.

> **Attention,** ne consommez en aucun cas un produit laitier si :
>
> - L'emballage est percé ou gonflé ;
> - Le produit a une couleur anormale ou présente des traces de moisissure ;
> - Le produit a une odeur anormale.

PRÉPARER

Avant de vous lancer dans la préparation d'une entrée, d'un plat ou encore d'un dessert sans cuisson, assurez-vous que tous les convives autour de la table pourront le manger. Les femmes enceintes, les personnes immunodéprimées et les jeunes enfants sont en effet beaucoup plus sensibles aux éventuelles bactéries présentes dans certains produits. Pour eux, manger cru n'est donc tout simplement pas recommandé. Une fois cette vérification effectuée, vous pouvez vous mettre aux fourneaux l'esprit tranquille, mais non sans avoir en tête les étapes-clés énoncées ci-contre.

Les interdits du sans cuisson

- La viande de porc ;
- La volaille (poulet, dinde, etc.) ;
- Bon nombre de poissons (excepté le saumon, la truite, la daurade, le thon et le bar) ;
- Les poissons et produits de la mer pêchés soi-même ;
- Les fruits sauvages qui ne sont pas cueillis suffisamment en hauteur.

1 Vérifiez à nouveau la fraîcheur et l'état de tous vos ingrédients, on n'est jamais trop prudents. Pour cela, suivez les conseils de la rubrique Choisir (voir p. 10).

2 Assurez-vous d'avoir un espace de travail impeccable : le plan de travail, les planches à découper et vos ustensiles doivent être d'une propreté irréprochable. Toutes les surfaces entrant en contact avec votre produit cru peuvent en effet être porteuses de bactéries et donc contaminer ledit produit. Redoublez d'attention lorsque vous préparez une viande ou un poisson cru : le couteau servant à la découpe doit être extrêmement propre.

3 Lavez-vous les mains, et plutôt deux fois qu'une. Faites-le avant de commencer votre recette, mais aussi à chaque fois que vous manipulez un produit différent.

4 Lavez tous les produits qui doivent l'être, c'est-à-dire les fruits et les légumes. Épluchez-les si nécessaire.

5 Réservez au réfrigérateur toutes les préparations en attente, ainsi que les plats terminés si vous ne les servez pas tout de suite.

CONSERVER

Dans la cuisine, plusieurs lieux sont propices à la conservation des produits : les placards, le garde-manger, le réfrigérateur, le congélateur, etc. Cela dépend bien entendu dudit produit, de sa DLC et de son état. Puisque le sujet qui nous anime ici est la cuisine sans cuisson, le réfrigérateur et le congélateur semblent être les lieux de conservation les plus propices. Toutefois, comme ce n'est pas toujours facile de s'y retrouver et qu'une erreur est vite arrivée, nous vous proposons ci-contre quelques conseils qui pourraient s'avérer bien utiles.

La DLC

Tous les produits emballés présentent obligatoirement une date limite de consommation à laquelle il faut se fier. L'idéal est évidemment de consommer votre produit avant cette date, mais certains produits peuvent faire l'objet de compromis. Le jambon blanc ou la crème pasteurisée, par exemple, peuvent être consommés 24 à 48 h maximum après la DLC s'ils n'ont pas été ouverts. Les yaourts, fromages blancs ou autres desserts lactés peuvent être mangés jusqu'à une semaine après leur DLC s'ils n'ont pas été ouverts. Dans tous les cas, ne consommez pas ces produits si les opercules sont percés ou gonflés, s'ils ont une couleur, une texture ou une odeur anormales, ou si vous avez le moindre doute.

Le réfrigérateur

Les restes de plats déjà cuisinés sont toujours à mettre au réfrigérateur (ou au congélateur si vous n'avez pas prévu de les manger rapidement). Mais lorsqu'il s'agit des produits bruts, il n'est pas toujours évident de savoir ce qu'on doit garder au réfrigérateur ou en dehors. Voici un petit guide simple :

Sont à mettre au réfrigérateur :

- Les viandes et les poissons ;
- Le beurre et les produits laitiers ;
- Les boissons (lait, jus d'orange, eau, etc.) ;
- Les œufs (si on souhaite les conserver longtemps) ;
- Les légumes fragiles tels que les haricots, les betteraves, les carottes, le céleri, etc. ;
- Les fruits fragiles tels que les cerises, les raisins, les fraises, etc.

Sont à ne pas mettre au réfrigérateur :

- La plupart des fruits : pommes, oranges, abricots, kiwis, melons, pêches, poires, ananas, bananes, pastèques, etc. Il faut les mettre au frais lorsqu'ils arrivent à maturité ;
- Les légumes non fragiles tels que les courges, les concombres, les courgettes, l'ail, les pommes de terre, etc. ;
- Les condiments ;
- Le pain ;
- Les denrées non périssables ;
- Les conserves.

Pour aller plus loin, il est bon de savoir qu'un réfrigérateur est constitué de plusieurs niveaux qui ne sont pas à la même température. Chaque zone a une fonction particulière et a été pensée pour optimiser la conservation des aliments. L'idéal est donc de respecter l'organisation suivante :

La zone froide
Il s'agit de la zone du haut du réfrigérateur. Elle est généralement à une température comprise entre 0 et 4 °C et convient aux viandes et aux poissons crus, à la charcuterie, au fromage frais et aux produits laitiers entamés. C'est également dans cette zone que doivent être entreposés les produits en cours de décongélation.

La zone fraîche
D'une température de 4 à 6 °C, elle se situe dans la moitié inférieure du réfrigérateur et est idéale pour les fromages à pâte dure, les yaourts, la crème fraîche.

Le bac à légumes
Le bac à légumes est à plus de 6 °C environ. Il convient d'y laisser, comme son nom l'indique, les légumes et les fruits frais.

> **Attention,** l'idéal est de conserver les différents types de fruits et de légumes séparément, dans des sachets adaptés.

La porte
La porte est prévue pour y mettre les boissons, les condiments, le beurre et les œufs. Sa température est comprise entre 6 et 8 °C.

Bien que le réfrigérateur permette une bonne conservation des aliments grâce à ses températures basses, il ne fait cependant que ralentir la progression bactériologique. Il y a donc un temps de conservation à respecter pour être certain d'avoir des produits frais et sans risque pour la santé. Le tableau ci-dessous devrait vous permettre de savoir rapidement où conserver vos produits, et pendant combien de temps.

Aliments	Zone du réfrigérateur	Temps de conservation
Viande crue	Zone froide	Quelques heures
Poisson cru	Zone froide	Quelques heures
Charcuterie	Zone froide	3 à 4 jours
Fruits et légumes	Bac à légumes	1 semaine
Lait	Porte	5 jours
Produits laitiers (yaourts, crème fraîche)	Zone fraîche	Jusqu'à 1 semaine après la DLC
Produits laitiers entamés	Zone froide	2 jours
Beurre	Porte	3 semaines
Œufs crus	Porte	1 mois
Fromages frais	Zone froide	2 semaines
Fromages à pâte dure	Zone fraîche	4 semaines
Restes de plats cuisinés	Zone froide	1 jour ou 2

Le congélateur

Quasiment tous les aliments peuvent être mis à congeler. La congélation est d'ailleurs la meilleure option si vos produits sont fragiles et/ou que vous ne prévoyez pas de les consommer rapidement. Là encore, il y a toutefois quelques règles de base à respecter.

1 Assurez-vous que votre congélateur est bien adapté à la congélation de produits frais, car certains congélateurs permettent seulement de conserver des produits surgelés. Vérifiez également qu'il est en bon état de fonctionnement et qu'il est propre.

2 Ne lésinez pas sur l'hygiène : lavez-vous soigneusement les mains avant de mettre un produit au congélateur. Pensez également à laver les fruits et les légumes avant de les mettre à congeler (vous pouvez aussi les couper préalablement en fonction de l'utilisation que vous souhaitez en faire).

3 Faites attention aux produits que vous mettez à congeler, en veillant notamment à :

- Ne jamais remettre à congeler des produits ayant déjà été congelés une fois ou contenant des produits déjà congelés (au moment de l'achat d'un produit surgelé, il faut donc toujours penser à prendre un sac isotherme pour faire le trajet du magasin jusqu'au congélateur) ;
- Ne jamais mettre au congélateur des produits dont la DLC est très proche ou dépassée, car la congélation a besoin de 24 heures pour prendre pleinement ;
- Ne mettre à congeler que des produits déjà froids.

4 Si le produit n'est pas déjà sous emballage, mettez-le dans un contenant adapté en laissant toujours au moins 1 cm d'espace vide dans les boîtes car en congelant, les ingrédients gagnent en volume. Fermez ensuite le contenant de façon étanche et hermétique pour éviter une perte d'humidité. Notez le nom du produit et la date de congélation sur le contenant.

Attention, n'utilisez que des contenants spécifiques, adaptés et propres tels que des sacs congélation, des boîtes et des barquettes en aluminium, etc.

5 Lorsque vous souhaitez décongeler un aliment, entreposez-le quelques heures dans la partie haute de votre réfrigérateur. Ne le faites pas décongeler à l'air libre ou près d'une source de chaleur.

Attention, une fois décongelé, un aliment doit être consommé sous 24 heures.

RAPPEL DES GROS POINTS D'ATTENTION DE LA CUISINE SANS CUISSON

- Souvenez-vous que la cuisine sans cuisson ne convient pas aux personnes fragiles : enfants, femmes enceintes, personnes immunodéprimées, etc.
- Redoublez d'attention quant à l'hygiène : lavez-vous les mains souvent, lavez vos ustensiles, votre plan de travail ou toutes les surfaces susceptibles d'entrer en contact avec vos produits ;
- Vérifiez toujours qu'un produit est suffisamment frais pour être consommé cru ou sans cuisson ;
- N'intégrez jamais dans une recette sans cuisson un aliment qu'il est interdit de manger cru (voir l'encadré p. 12)
- Si vous avez le moindre doute (sur la fraîcheur ou la qualité d'un produit ou sur son utilisation sans cuisson), abstenez-vous.

CALENDRIER

	JANVIER	FÉVRIER	MARS	AVRIL	MAI	JUIN
Fruits	Clémentine Kiwi Mandarine Orange Pamplemousse Poire Pomme	Clémentine Kiwi Mandarine Orange Pamplemousse Poire Pomme	Kiwi Orange Pamplemousse Poire Pomme	Kiwi Orange Pamplemousse Poire Pomme	Cerise Fraise Pamplemousse	Abricot Cerise Fraise Framboise Melon Pamplemousse Pastèque Pêche Pomme Prune
Légumes	Brocolis Courge Endive Frisée Mâche Poireau	Brocolis Endive Frisée Mâche Poireau Radis	Brocolis Chou-fleur Endive Frisée Poireau Radis	Artichaut Asperge Chou-fleur Concombre Endive Frisée Laitue Petit pois Poireau Radis	Artichaut Asperge Aubergine Chou-fleur Concombre Courgette Laitue Petit pois Radis Tomate	Artichaut Asperge Aubergine Brocoli Concombre Courgette Haricot vert Laitue Petit pois Poivron Radis Tomate
Poissons	Coquille St-Jacques Crevette Églefin Haddock Hareng Huître Moule	Colin Coquille St-Jacques Crevette Églefin Haddock Hareng Huître Limande Maquereau Moule Saumon	Colin Coquille St-Jacques Crevette Églefin Haddock Huître Saumon	Colin Coquille St-Jacques Saumon	Anchois Colin Coquille St-Jacques Sardine Saumon	Anchois Colin Sardine Saumon

DES SAISONS

JUILLET	AOÛT	SEPTEMBRE	OCTOBRE	NOVEMBRE	DÉCEMBRE
Abricot Cerise Figue Fraise Framboise Melon Nectarine Pastèque Pêche Poire Prune	Abricot Cerise Figue Fraise Framboise Melon Mûre Nectarine Pastèque Pêche Poire Pomme Prune Raisin	Figue Melon Mûre Pastèque Pêche Poire Pomme Prune Pêche Raisin	Figue Framboise Poire Pomme Raisin	Clémentine Kiwi Mandarine Orange Poire Pomme	Clémentine Kiwi Mandarine Orange Poire Pomme
Artichaut Asperge Aubergine Brocoli Concombre Courgette Haricot vert Laitue Maïs Petit pois Poivron Radis Tomate	Artichaut Aubergine Brocoli Concombre Courge Courgette Frisée Haricot vert Laitue Maïs Poivron Radis Tomate	Artichaut Aubergine Brocoli Chou Chou-fleur Concombre Courge Courgette Frisée Haricot vert Laitue Maïs Poireau Poivron Potiron Tomate	Aubergine Brocoli Chou Chou-fleur Concombre Courge Courgette Endive Frisée Haricot vert Laitue Maïs Poireau Potiron Radis Tomate	Brocoli Chou Chou-fleur Citrouille Courge Endive Frisée Mâche Oignon Poireau Potiron Radis	Brocoli Chou Chou-fleur Citrouille Courge Endive Frisée Mâche Poireau Potiron Radis
Anchois Colin Sardine Saumon	Anchois Crevette Sardine Saumon	Crevette Moule Sardine Saumon	Coquille St-Jacques Crevette Hareng Moule Sardine Saumon	Coquille St-Jacques Crevette Hareng Huître Moule Saumon	Coquille St-Jacques Églefin Hareng Huître Saumon

Chapitre

1

À picorer & Apéro

RECETTE VEGGIE

POUR
6 PERSONNES

PRÉPARATION
20 MIN

Légumes

2 carottes
1 concombre
100 g de haricots verts
100 g de baby poireaux
1 fenouil
1 petite botte d'asperges
2 endives carmines
1 botte de radis roses
2 carottes violettes

Aïoli

2 gousses d'ail
2 jaunes d'œufs
1 filet d' huile d'olive
Huile de tournesol
Sel
Poivre du moulin

Aïoli pinzimonio

L'aïoli pinzimonio est une recette conviviale à préparer en toute simplicité pour l'apéritif. Vous pouvez servir les légumes de votre choix, mais toujours frais et de saison (voir p. 16).

Légumes

1 Lavez tous les légumes et épluchez ceux qui doivent l'être. Coupez-les harmonieusement à votre convenance.

Aïoli

2 Pelez l'ail et hachez-le. Dans un bol, mélangez les jaunes d'œufs avec un filet d'huile d'olive, puis montez le mélange comme une mayonnaise avec de l'huile de tournesol. Mixez les gousses d'ail et ajoutez-les dans la mayonnaise.

3 Servez les légumes croquants avec l'aïoli.

L'HORT
Huile
d'olive

POUR
4 PERSONNES
PRÉPARATION
5 MIN
REPOS
30 MIN

- 3 avocats bien mûrs
- 1 oignon rouge
- 1 gousse d'ail
- 1 c. à s. de pulpe de tomate (en conserve)
- 1 c. à c. de Tabasco®
- Le jus de 1 citron vert
- Sel
- Poivre du moulin

Guacamole

1 Épluchez l'oignon rouge, puis coupez-le en quatre. Détaillez-le en cubes, recouvrez ces derniers d'eau froide et laissez-les tremper pendant 30 min avant de les égoutter.

2 Pelez l'ail et les avocats, détaillez-les en cubes.

3 Dans un saladier, mélangez les avocats, l'oignon rouge, l'ail, la pulpe de tomate, le Tabasco® et le jus de citron vert, salez et poivrez.

4 Servez bien frais.

Conseils

Vous pouvez agrémenter ce guacamole d'herbes fraîches (ciboulette ou coriandre). Pour une version moins épicée, remplacez le Tabasco® par 1 c.à c. de piment doux.

POUR
1 GRAND BOL

PRÉPARATION
15 À 30 MIN

500 g de pois chiches cuits, en bocal (en verre, évitez la conserve)

1 gousse d'ail

2 c. à s. d'huile d'olive

1 c. à s. de tahini (purée de sésame pure)

Le jus de 1 citron

Décoration au choix

Paprika en poudre

Feuilles de persil

Pignons de pin

Pois chiches entiers

Houmous

Le houmous est un mets que l'on retrouve dans de très nombreux pays du Proche-Orient, et son origine exacte peut créer de houleux débats à table. Mais une chose est sûre : il est aussi simple à préparer que délicieux à déguster.

1 Pelez l'ail. Égouttez les pois chiches en prenant soin de réserver leur eau dans un verre. Déposez-les dans un mixeur avec l'ail, l'huile d'olive et le tahini. Ajoutez un peu d'eau réservée et mixez.

2 Ajoutez le jus de citron et mélangez en allongeant progressivement avec l'eau des pois chiches si nécessaire, jusqu'à obtenir un houmous lisse et onctueux.

3 Transvasez-le dans un bol et réservez-le au frais si vous l'avez préparé à l'avance, ou servez-le directement décoré d'un peu de paprika, d'un trait d'huile d'olive, d'une petite poignée de pignons de pin ou de quelques pois chiches entiers.

Astuce

Vous pouvez choisir d'ôter la peau des pois chiches. Cette étape prend environ 15 min, mais peut se révéler bénéfique pour la digestion. Déposez les pois chiches égouttés dans un torchon propre et frictionnez-les entre vos mains à travers le tissu. La plupart des peaux devraient s'ôter, et vous n'aurez plus qu'à trier avant de passer à l'étape suivante.

RECETTE VEGGIE

POUR
4 PERSONNES

PRÉPARATION
10 MIN

REPOS
15 MIN

1 concombre

1 gousse d'ail

½ bouquet d'aneth frais (ou de menthe)

350 g de yaourt grec

1 c. à s. de jus de citron

1 c. à s. d'huile d'olive

Sel

Poivre du moulin

Tzatziki

1 Lavez le concombre, épluchez-le si vous le souhaitez, et râpez-le finement. Placez-le dans un égouttoir et appuyez régulièrement et délicatement pendant 15 min pour le faire dégorger.

2 Pendant ce temps, pelez l'ail et émincez-le finement. Ciselez l'aneth.

3 Dans un bol, déposez le concombre égoutté, le yaourt grec, l'ail, l'aneth, le jus de citron, l'huile d'olive, du sel et du poivre, et mélangez le tout. Rectifiez l'assaisonnement si besoin.

4 Placez au réfrigérateur et servez bien frais.

POUR
4 À 6 PERSONNES
PRÉPARATION
10 MIN
REPOS
2 H

160 g d'œufs de cabillaud fumés
35 g de pain de mie
½ jaune d'œuf (soit 10 g)
2 c. à s. de lait
80 g d'huile

Tarama

1 Dans le bol d'un robot muni du fouet à fils, émiettez le pain de mie, ajoutez le demi-jaune d'œuf et le lait. Fouettez en petite vitesse. Versez progressivement l'huile en filet tout en continuant de fouetter. Ajoutez ensuite les œufs de cabillaud en augmentant régulièrement la vitesse du robot. Fouettez en vitesse rapide pendant 3 min, puis arrêtez.

2 Débarrassez la préparation dans un bol et réservez-la 2 h au réfrigérateur. Dégustez.

Astuce

Si vous n'avez pas de robot pâtissier, vous pouvez faire cette recette dans un cul-de-poule, en fouettant manuellement.

POUR
4 PERSONNES
PRÉPARATION
5 MIN
REPOS
1 H

- 1 botte de radis
- ½ échalote
- 200 g de chèvre frais
- Le jus de 1 citron jaune
- Aneth ou menthe

Tartinade de radis
au chèvre frais

1 Lavez les radis et coupez-les en deux. Pelez la demi-échalote et coupez-la en deux.

2 Placez les radis et l'échalote dans un robot mixeur, ajoutez le chèvre frais, le jus de citron et mixez jusqu'à obtenir une texture crémeuse. Réservez la préparation 1 h au réfrigérateur.

3 Décorez avec de l'aneth ou de la menthe et servez avec des crackers ou des gressins.

POUR
4 PERSONNES
PRÉPARATION
15 MIN
REPOS
2 H

300 g de sardines à l'huile
1 c. à c. de harissa
150 g de fromage frais
¼ d'oignon
1 brin de coriandre
4 brins de ciboulette
1 c. à c. de jus de citron
Sel
Poivre du moulin

Rillettes de sardines à la harissa

1 Mettez les sardines et le fromage frais dans un bol et écrasez le tout à la fourchette.

2 Épluchez et hachez très finement l'oignon, ciselez la coriandre et la ciboulette. Incorporez le tout à la préparation, puis salez et poivrez. Versez le jus de citron, mélangez et réservez 2 h au réfrigérateur.

3 Dégustez sur une tranche de pain, grillée ou non.

RECETTE VEGGIE

POUR
4 PERSONNES

PRÉPARATION
20 MIN

Veggie rolls

1 concombre
1 nid de vermicelles de riz
1 fenouil
2 carottes
Le jus de 1 citron
Sel

Sauce feta-pistache

50 g de pistaches
1 yaourt grec
80 g de feta
1 c. à s. d'huile d'olive
Sel
Poivre

Veggie rolls

Veggie rolls

1 Lavez le concombre, coupez les extrémités, puis coupez-le en 4 tronçons de même taille. Détaillez-le en lanières fines, puis coupez-les en bandes de 15 cm de long environ.

2 Couvrez les vermicelles de riz d'eau chaude et laissez reposer 5 min.

3 Épluchez le fenouil et les carottes, puis détaillez-les en julienne de taille moyenne. Arrosez de jus de citron, salez et mélangez.

4 Sur le bord d'une bande de concombre, déposez un petit peu de vermicelles et de julienne de crudités. Roulez le concombre pour former un beau rouleau.

Sauce feta-pistache

5 Hachez les pistaches. Battez le yaourt grec, la feta, l'huile d'olive, les pistaches hachées, du sel et du poivre. Utilisez un robot pâtissier muni du batteur si vous le souhaitez.

6 Servez les rolls bien frais avec la sauce.

Conseils

Vous pouvez remplacer les vermicelles de riz par des graines germées. Variez les légumes selon la saison et vos envies (voir le tableau p. 16).

POUR
6 PERSONNES
PRÉPARATION
20 MIN

Pesto de courgette

2 petites courgettes
10 feuilles de basilic
2 c. à s. d'amandes effilées grillées
2 c. à s. de pecorino
5 cl d'huile d'olive
Poivre du moulin

Planche

4 mini-courgettes
2 concombres
250 g de tomates cerises
2 mangues vertes
1 melon de Cavaillon
Houmous (voir p. 24)
Fleur de sel
Poivre du moulin

RECETTE VEGGIE · RECETTE VEGGIE ·

Planche toute crue aux légumes

Pesto de courgette

1 Lavez et pelez les courgettes. Mixez la chair bien verte des courgettes avec le basilic, les amandes effilées grillées, le pecorino, l'huile d'olive et du poivre.

Planche

2 Lavez les mini-courgettes, les concombres et les tomates cerises. Coupez les extrémités des courgettes et coupez-les en bâtonnets. Épluchez les concombres et les mangues, puis taillez-les en bâtonnets. Coupez le melon en deux, retirez les graines et détaillez la chair en cubes.

3 Sur une grande planche, déposez les tomates cerises et les bâtonnets de légumes et de mangue, accompagnés du pesto et du houmous dans de jolis bols.

4 Terminez avec les cubes de melon que vous saupoudrez généreusement de poivre et de fleur de sel.

Astuces

Remplacez le pesto de courgette par un pesto de basilic ou un pesto de roquette. Pour ce dernier, mixez 50 g de roquette avec 3 c. à s. de chapelure, 2 c. à s. de parmesan et 10 cl d'huile d'olive. Vous pouvez aussi réaliser un dip avec du yaourt mélangé à des zestes de citron, de l'huile d'olive et de la ciboulette.

RECETTE VÉGANE

POUR
1 BOCAL

PRÉPARATION
10 MIN

REPOS
3 JOURS

- Légumes de votre choix (concombre, navet, fenouil, carotte, radis, chou)
- 50 g de sucre complet
- 40 cl de vinaigre de cidre
- ½ c. à c. de gingembre frais râpé
- ½ c. à c. de sel fin
- 1 c. à c. de graines de moutarde
- 1 c. à c. de grains de poivre
- 1 c. à c. de graines de fenouil
- ½ c. à c. de curcuma
- 2 c. à c. d'aneth fraîchement ciselé

Pickles de légumes

1 Émincez très finement les légumes.

2 Dans un saladier, mélangez le sucre, le vinaigre, le gingembre, le sel, toutes les épices et l'aneth ciselé.

3 Dans un bocal, alternez les couches de légumes et versez le mélange par-dessus.

4 Refermez et disposez 3 jours au frais avant de déguster.

RECETTE VÉGANE

POUR
10 ROULEAUX
PRÉPARATION
40 MIN

Rouleaux

10 feuilles de riz rondes (20 cm de diamètre)

150 g de vermicelles de riz

10 feuilles de laitue

1 avocat

1 grosse carotte

½ concombre

1 mangue

½ chou rouge

Feuilles de menthe ou autres aromates

Sauce

2 c. à s. de beurre de cacahuète (non sucré) à diluer dans 1 c. à s. d'eau tiède

1 c. à s. de sauce soja

Le jus de 1 citron vert

Rouleaux de printemps

Cette *finger food* peut devenir la meilleure alliée de vos buffets. Le rouleau peut s'adapter à tous les régimes, il cale bien et il est aussi bon que beau.

1 Préparez les fruits et légumes : lavez-les, épluchez l'avocat, les carottes et la mangue et coupez-les tous en tranches fines d'environ 10 cm de longueur.

2 Quand tous les ingrédients sont taillés, couvrez les vermicelles de riz d'eau chaude et laissez reposer 5 min, puis égouttez-les et passez-les sous l'eau froide.

3 Préparez le plan de travail : mettez à disposition les feuilles de riz, un saladier contenant de l'eau chaude, les vermicelles de riz égouttés et refroidis, la planche avec toutes les lamelles de légumes, une assiette ou une planche pour confectionner les rouleaux et une autre pour les déposer quand ils seront prêts.

4 Trempez rapidement l'intégralité d'une feuille de riz dans le saladier d'eau chaude. Disposez la feuille de riz sur l'assiette, puis déposez-y une feuille de laitue à environ 4 cm de l'extrémité basse. Ajoutez une poignée de vermicelles au milieu de la feuille de laitue, et disposez vos lamelles de légumes de part et d'autre des vermicelles. Rabattez l'extrémité basse de la feuille de riz sur le mélange, rabattez les côtés droit et gauche vers l'intérieur, et roulez le tout vers le haut. Répétez l'opération pour les autres rouleaux.

5 Préparez la sauce en mélangeant le beurre de cacahuète dilué, la sauce soja et le jus de citron vert. Servez les rouleaux de printemps avec la sauce.

Conseil

Dégustez dans l'heure : même si les rouleaux peuvent se conserver, ils sont bien meilleurs fraîchement préparés.

POUR
4 PERSONNES
PRÉPARATION
5 MIN

- 1 pastèque
- 3 tomates
- 1 poivron rouge
- 2 gousses d'ail
- 5 feuilles de menthe
- Sel
- Poivre

Soupe froide
pastèque-poivron

1 Récupérez la chair de la pastèque. Coupez les tomates et le poivron, pelez l'ail et effeuillez la menthe.

2 Mettez tous les ingrédients dans le bol d'un mixeur, salez, poivrez et mixez.

3 Filtrez le mélange pour obtenir une soupe homogène.

4 Conservez au frais avant de consommer.

Astuce
Vous pouvez déguster cette soupe froide avec une chantilly à base de crème de chèvre dans une version non végane.

POUR
4 PERSONNES
PRÉPARATION
15 MIN

- 300 g de concombre
- 250 g de yaourt grec nature
- 100 g de chèvre frais
- ⅓ de gousse d'ail
- 1 poignée de feuilles de basilic
- Sel
- Poivre du moulin

Soupe froide de concombre

au basilic et yaourt

1 Pelez le concombre, coupez-le en morceaux et placez dans un blender. Ajoutez le yaourt grec, le chèvre frais, l'ail et le basilic. Salez, poivrez, puis mixez jusqu'à obtenir une texture lisse.

2 Placez au réfrigérateur afin de déguster cette soupe bien fraîche.

RECETTE VÉGANE

POUR
4 PERSONNES

PRÉPARATION
10 MIN

- 1 gros melon
- 1 cm de gingembre frais
- 2 branches de menthe
- 3 cl d'huile d'olive

Soupe de melon à la menthe

Cette recette, en plus d'être simple, fraîche et délicieuse, est très bonne pour la santé. En effet, le melon est gorgé de vitamines A, B et C et aide à lutter contre le vieillissement des cellules grâce à sa teneur en antioxydants.

1 Coupez le melon en deux, retirez-en la peau et les pépins. Coupez la chair en petits morceaux. Pelez le gingembre et effeuillez la menthe. Réservez quelques feuilles intactes et ciselez les autres.

2 Réservez quelques morceaux de melon pour le dressage et mettez le reste dans un blender. Ajoutez le gingembre, l'huile d'olive et quelques feuilles de menthe. Mixez fortement.

3 Disposez les morceaux de melon réservés dans 4 verres, puis versez la soupe de melon par-dessus. Décorez avec un peu de menthe ciselée et servez aussitôt.

RECETTE VEGGIE · RECETTE VEGGIE ·

POUR
4 PERSONNES

PRÉPARATION
15 MIN

- 4 petits fromages de chèvre frais
- 1 c. à c. de moutarde
- 1 c. à c. de poivre
- 1 c. à s. de moutarde à l'ancienne
- 5 c. à s. d'huile d'olive
- 3 c. à s. de vinaigre de cidre
- 1 belle grappe de raisin blanc
- Sel
- Poivre du moulin

Verrines chèvre-raisin

La saison du chèvre frais commence au printemps et dure jusqu'au milieu de l'automne. On le savoure avec des produits comme le raisin, avec lequel il se marie à merveille.

1 Dans un bol, écrasez grossièrement les petits chèvres frais avec la moutarde normale et le poivre.

2 Préparez une vinaigrette en mélangeant la moutarde à l'ancienne avec l'huile d'olive et le vinaigre. Salez et poivrez à votre convenance.

3 Rincez les raisins et coupez-les en deux. Répartissez-les dans des verrines, ajoutez un peu de vinaigrette, puis déposez la préparation au fromage de chèvre.

4 Réservez au frais jusqu'à la dégustation.

RECETTE VEGGIE · RECETTE VEGGIE ·

POUR
4 PERSONNES

PRÉPARATION
15 MIN

12 tranches de pain

4 avocats

Le jus de 1 citron

Sel

Poivre du moulin

Toasts concombre-graines germées

1 concombre

4 c. à s. de graines de poireau germées

1 filet d'huile d'olive

1 filet de jus de citron

Toasts pomme-graines de tournesol

2 pommes

4 c. à s. de graines de tournesol

1 filet d'huile d'olive

1 filet de jus de citron

Toasts poire-chèvre

2 poires

1 beau morceau de chèvre

1 c. à c. de miel

Toasts
à l'avocat

Pelez les avocats et retirez le noyau. Mettez leur chair avec le jus de citron, un peu de sel et de poivre dans un cul-de-poule. Mélangez en réduisant le tout en purée à l'aide d'une fourchette ou d'une spatule. Faites éventuellement griller les tranches de pain à l'aide d'un grille-pain, puis répartissez la purée d'avocat dessus.

Toasts concombre-graines germées

Épluchez le concombre, puis taillez-le en lamelles très fines. Déposez quelques lamelles sur 4 tranches de pain, ajoutez les graines germées, arrosez d'huile d'olive et de jus de citron. Salez et poivrez.

Toasts pomme-graines de tournesol

Épluchez les pommes, puis taillez-les en spirales très fines. Déposez quelques spirales de pomme sur 4 tranches de pain, ajoutez les graines de tournesol, arrosez d'huile d'olive et de jus de citron. Salez et poivrez.

Toasts poire-chèvre

Épluchez les poires, retirez le pédoncule et le cœur contenant les pépins, puis taillez-les en fines tranches. Déposez-en quelques unes sur 4 tranches de pain, ajoutez des petits morceaux de chèvre et arrosez d'un filet de miel. Salez et poivrez.

Conseil

Si vous souhaitez ajouter des protéines, vous pouvez déposer des lamelles de saumon fumé sur les toasts au concombre.

POUR
4 PERSONNES
PRÉPARATION
10 MIN

- 200 g de petits pois frais
- 4 grandes tranches de pain de campagne
- 100 g de fromage frais de type chèvre
- Quelques feuilles de menthe
- Sel
- Poivre du moulin

RECETTE VEGGIE

Tartines de petits pois au chèvre frais

Une recette plus que facile, idéale à préparer avec des enfants et à déguster en famille.

1 Écossez les petits pois.

2 Faites éventuellement griller les tranches de pain à l'aide d'un grille-pain, puis tartinez-les généreusement de fromage frais et garnissez-les de petits pois.

3 Salez, poivrez et ajoutez quelques feuilles de menthe.

POUR
30 À 40 ROULÉS

PRÉPARATION
15 MIN

1 paquet de 6 à 8 wraps (la plus grande taille possible)

Version thon

1 boîte de thon

1 boîte de fromage frais (Philadephia® ou St-Môret®)

Le jus de ½ citron

Poivre

Version saumon

1 boîte de fromage frais (Philadephia® ou St-Môret®)

Le jus de ½ citron

6 à 8 tranches de saumon fumé

1 poignée de feuilles de roquette

Poivre

Roulés saumon et thon

Classiques absolus de tout apéro réussi, ces roulés sont d'une simplicité enfantine. Petit conseil : faites-en beaucoup car vous verrez, ils partiront en un rien de temps !

Coupez les extrémités des wraps de sorte à les transformer en carrés.

Version thon

Émiettez le thon, puis mélangez-le avec le fromage frais, le jus de citron et du poivre.

Étalez cette rillette sur chaque carré de wrap, puis roulez ces derniers.

Version saumon

Dans un bol, mélangez le fromage frais avec le jus de citron et du poivre.

Sur chaque carré de wrap, étalez une couche de fromage frais, puis disposez par-dessus 1 tranche de saumon et quelques feuilles de roquette. Roulez les wraps.

Conservez les wraps roulés au frais, puis coupez-les en petits tronçons de 3 cm au moment de servir.

Conseil

Pour une version veggie, remplacez le saumon par des crudités (poivron, concombre, etc.) coupées en brunoise.

POUR
4 PERSONNES
PRÉPARATION
5 MIN

- 4 pains à bagels
- 1 petit oignon rouge
- ⅓ de botte d'aneth
- 1 pot de cream cheese
- 4 belles tranches de saumon fumé
- 1 citron vert

Bagels au saumon

1 Pelez l'oignon rouge et émincez-le finement de manière à obtenir de belles tranches. Ciselez l'aneth.

2 Coupez les bagels en deux. Étalez généreusement le cream cheese sur chaque face. Sur chaque moitié inférieure, déposez une tranche de saumon fumé, quelques tranches d'oignon et de l'aneth ciselé. Ajoutez un peu de jus de citron vert, puis refermez les bagels.

Astuce

Vous pouvez acheter les bagels en grande surface ou les commander chez votre boulanger.

POUR
4 PERSONNES
PRÉPARATION
10 MIN
REPOS
30 MIN

4 tortillas de blé
300 g de roquette
1 c. à s. d'aneth frais
1 c. à s. de ciboulette fraîche
4 tranches de saumon fumé ou de truite fumée
4 c. à s. de fromage frais
Sel
Poivre du moulin

Wraps fromage frais, saumon fumé et roquette

1 Lavez et essorez la roquette. Ciselez finement l'aneth et la ciboulette.

2 Dans un bol, mélangez le fromage frais avec les herbes, puis étalez 1 c. à s. de ce mélange sur chaque tortilla. Ajoutez une tranche de saumon fumé, la roquette, un tour de moulin à poivre et une pincée de sel. Refermez les wraps en les roulant sur eux-mêmes en veillant à bien les serrer. Placez au réfrigérateur 30 min.

3 Coupez chaque wrap en deux et dégustez immédiatement.

POUR
6 PERSONNES

PRÉPARATION
15 MIN

18 tranches de pain de mie blanc sans croûte

6 tranches de jambon blanc

1 grosse tomate cœur de bœuf

300 g de mozzarella de bufflonne

Sel

Poivre du moulin

Mayonnaise

3 jaunes d'œufs

200 g d'huile de tournesol

1 c. à s. de Savora®

12 petits cornichons

3 c. à s. d'olives noires dénoyautées

Tramezzini

Ce petit sandwich italien sert souvent d'apéritif, mais il peut aussi être servi comme en-cas dans les bistrots. C'est un peu l'équivalent du club sandwich anglais ou du croque-monsieur français. Vous pourrez l'agrémenter des condiments de votre choix.

Mayonnaise

1 Mélangez vigoureusement les jaunes d'œufs avec la Savora® et en ajoutant l'huile de tournesol progressivement. Assaisonnez. Hachez les cornichons et les olives noires, puis ajoutez-les dans la mayonnaise.

Tramezzini

2 Lavez et épépinez la tomate, puis coupez-la en grosses rondelles. Coupez les tranches de jambon en deux dans le sens de la longueur.

3 Tartinez une première tranche de pain de mayonnaise, puis ajoutez une demi-tranche de jambon dessus. Alternez une tranche de jambon, une tranche de mozzarella et une tranche de tomate. Terminez par une tranche de jambon. Recouvrez avec une seconde tranche de pain tartinée de mayonnaise.

POUR
6 PERSONNES

PRÉPARATION
10 MIN

- 1 baguette de pain de qualité
- 2 bottes de radis ronds et longs
- 250 g de tomates cerises de toutes les couleurs
- 6 tranches de jambon blanc truffé
- 6 tranches de jambon serrano espagnol
- 1 saucisson sec de qualité coupé en fines tranches
- 250 g de pâté de campagne artisanal
- 300 g de rillettes de porc
- 6 tranches de coppa
- 1 paquet de gressins
- Cornichons et pickles (voir p. 38)
- Confiture d'oignon

Planche porcine

1 Rincez les radis et les tomates. Préparez les radis en coupant les extrémités.

2 Disposez les légumes sur la planche avec les tranches des divers jambons, le saucisson, le pâté et les rillettes. Enroulez les tranches de coppa sur 6 gressins. Mettez le reste des gressins dans un verre large.

3 Accompagnez de cornichons, de pickles et de confiture d'oignon. Servez avec du pain frais ou, éventuellement, grillé au grille-pain.

Conseils

Approvisionnez-vous chez votre boucher pour proposer de la charcuterie de qualité à vos convives. Les produits porcins sont infinis, n'hésitez donc pas à varier en fonction de la région dans laquelle vous êtes, et aussi à découvrir de délicieuses charcuteries d'autres pays comme le chorizo espagnol, le salami italien, etc.

Chapitre 2
Plats chics

RECETTE VÉGANE

POUR
4 PERSONNES
PRÉPARATION
20 MIN

- 2 tomates rouges bien mûres
- 2 tomates jaunes
- 2 tomates noires de Crimée
- Le jus de 2 citrons verts
- Quelques gouttes de Tabasco® vert
- 1 botte de coriandre
- 2 belles c. à s. de câpres
- 2 c. à s. de graines de moutarde

Carpaccio de tomates,
citron vert et câpres

1 Lavez délicatement les tomates. Coupez-les en très fines rondelles pour faire un carpaccio, à l'aide d'un couteau bien aiguisé. Disposez-les harmonieusement dans 4 assiettes plates.

2 Mélangez le jus de citron vert et quelques gouttes de Tabasco® vert. Arrosez-en les tomates. Réservez 10 min.

3 Lavez et ciselez finement la coriandre, puis déposez-la sur le carpaccio de tomates. Parsemez de câpres et de graines de moutarde. Dégustez.

POUR
4 PERSONNES
PRÉPARATION
20 MIN

- 300 g de tomates
- 1 petit oignon rouge
- ½ grenade
- 1 citron vert
- 5 cl d'huile d'olive
- 1 c. à s. de mélasse de grenade
- Sel
- Poivre de moulin

Tartare de tomate à la grenade

1 Lavez les tomates et coupez-les en petits dés. Pelez et émincez l'oignon rouge. Égrainez la demi-grenade. Râpez le zeste du citron vert et pressez-le pour en récupérer le jus. Réservez le tout.

2 Préparez la sauce vinaigrette en mélangeant l'huile d'olive, la mélasse de grenade, le jus de citron vert, 1 pincée de sel et du poivre.

3 Répartissez les tomates dans des petites assiettes ou des bols de service. Déposez les oignons par-dessus, puis assaisonnez avec la vinaigrette. Parsemez de graines de grenade et ajoutez le zeste de citron vert.

Astuce

Vous pouvez également ajouter quelques feuilles de coriandre.

POUR
4 PERSONNES
PRÉPARATION
10 MIN

1 pomme
2 betteraves rouges cuites
70 g de comté

Vinaigrette
3 c. à s. d'huile de noix
1 c. à s. de vinaigre balsamique blanc
Sel
Poivre du moulin

Carpaccio de pomme,
betterave et comté

1 Épluchez la pomme et détaillez-la en très fines tranches. Détaillez les betteraves, puis le comté, en tranches de même épaisseur. Déposez-les dans les assiettes en alternant les éléments.

2 Préparez la vinaigrette en mélangeant dans un bol l'huile, le vinaigre, du sel et du poivre. Émulsionnez à l'aide d'une fourchette, puis versez quelques gouttes de cette vinaigrette sur le carpaccio.

3 Servez immédiatement ou réservez au réfrigérateur.

Astuces

Vous pouvez ajouter des cerneaux de noix ou des pignons.
Vous pouvez également remplacer la pomme par de la poire.

RECETTE VEGGIE · RECETTE VEGGIE ·

POUR
4 PERSONNES
PRÉPARATION
20 MIN

- 200 g de petits pois crus
- 6 asperges vertes crues
- 2 oignons nouveaux
- ½ concombre
- 50 g de céleri branche (facultatif)
- 1 gousse d'ail
- 1 yaourt
- 5 cl de vinaigre de vin rouge
- 5 cl d'huile d'olive
- 8 feuilles de menthe
- Sel
- Piment d'Espelette

Gaspacho printanier aux asperges et petits pois

Voici un gaspacho qui sent bon le printemps ; d'une belle couleur verte, il est ultra frais et très vitaminé, grâce aux asperges et aux petits pois que l'on garde crus.

1 Réservez un peu de petits pois, une asperge et une feuille de menthe pour le dressage.

2 Mettez le reste des petits pois et des asperges dans le bol d'un mixeur. Ajoutez les oignons nouveaux, le demi-concombre, le céleri branche si vous le souhaitez et la gousse d'ail pelée et dégermée. Versez le yaourt, le vinaigre de vin et l'huile d'olive, puis ajoutez la menthe, un peu de sel et de piment d'Espelette. Mixez fortement.

3 Versez le gaspacho obtenu dans des petits bols.

4 Ciselez la feuille de menthe et coupez l'asperge en morceaux. Disposez-les sur le gaspacho, puis ajoutez quelques petits pois. Décorez avec des petites pousses de menthe et du piment d'Espelette.

Astuce

Si votre gaspacho est trop liquide, vous pouvez l'épaissir en le mixant avec un peu de chapelure de pain.

POUR
4 PERSONNES
PRÉPARATION
10 MIN
REPOS
1 NUIT

- 1,6 kg de tomates bien mûres
- 1 oignon rouge
- 2 belles tranches de pain de mie rassis
- 8 cl de vinaigre de framboise
- 10 cl d'huile d'olive
- 10 branches de basilic
- Quelques pickles de légumes (voir p. 38)
- 4 c. à s. de ricotta salata

Soupe d'été à la tomate, pickles de légumes et ricotta

1 La veille, pelez les tomates, puis coupez-les en dés. Pelez et émincez l'oignon. Coupez le pain en cubes. Dans un saladier, mélangez les tomates, l'oignon, le pain, le vinaigre, l'huile d'olive et la moitié du basilic. Laissez macérer 1 nuit au frais.

2 Le jour même, mixez la préparation dans un blender jusqu'à l'obtention d'une texture bien lisse, puis réservez au frais. Si vous préférez, retirez l'oignon avant de mixer.

3 Servez dans des bols avec la ricotta salata, un trait d'huile d'olive, des légumes pickles et quelques feuilles de basilic.

Astuce

La ricotta salata est une ricotta sèche et salée, au goût délicat. Vous la trouverez dans les épiceries italiennes.

POUR
4 PERSONNES
PRÉPARATION
10 MIN
REPOS
2 H

1 concombre
4 oignons nouveaux
1 poivron vert
4 gousses d'ail
2 tomates vertes Green Zebra
5 cl de vinaigre de cidre
2 c. à s. de chapelure de pain
½ botte de basilic
Sel
Piment d'Espelette

Gaspacho vert

Cette recette est riche en chlorophylle, un pigment végétal aux vertus détoxifiantes, grâce aux différents légumes verts qu'elle contient.

1 Épluchez le concombre et coupez-le en dés. Coupez les oignons nouveaux et le poivron en dés également. Pelez l'ail, hachez-le. Coupez les tomates en quartiers.

2 Mettez le tout dans un saladier, puis ajoutez le vinaigre et assaisonnez avec du sel et du piment d'Espelette. Ajoutez la chapelure de pain et mélangez comme une salade. Laissez mariner au moins 2 h au réfrigérateur.

3 Mixez la préparation avec le basilic dans un blender. Goûtez et ajustez l'assaisonnement si besoin. Passez à travers une passoire ou un chinois si nécessaire et servez aussitôt.

RECETTE VÉGANE · RECETTE VÉGANE ·

POUR
4 PERSONNES
PRÉPARATION
15 MIN

- 150 g de mie de pain
- 7 c. à s. d'huile d'olive
- 1 concombre
- 1 poivron rouge
- 1 poivron vert
- 1 kg de tomates
- 1 oignon
- 2 gousses d'ail
- 3 c. à s. de vinaigre de Xérès
- 1 c. à c. de sucre
- 1 c. à c. de sel
- ½ c. à c. de piment d'Espelette

Gaspacho rouge

1 Coupez la mie de pain en morceaux et mettez-les dans un saladier. Ajoutez 3 c. à s. d'huile d'olive et mélangez.

2 Lavez le concombre, puis pelez-le. Coupez-le en deux, retirez les graines puis taillez-le en gros morceaux.

3 Retirez les extrémités des poivrons, coupez-les en deux, retirez les graines et les parties blanches. Coupez-les en morceaux.

4 Lavez les tomates, coupez-les en quartiers et retirez les pépins.

5 Pelez l'oignon et coupez-le en morceaux. Pelez les gousses d'ail.

6 Mettez tous les légumes dans le saladier, puis ajoutez 4 c. à s. d'huile d'olive, le vinaigre de Xérès, le sucre, le sel et le piment d'Espelette. Mélangez, couvrez et réservez au frais pendant 2 h.

7 Mixez dans un robot de type blender afin d'obtenir un mélange lisse. Si le gaspacho est trop épais, ajoutez un peu d'eau. Goûtez et rectifiez l'assaisonnement si nécessaire.

RECETTE VÉGANE · RECETTE VÉGANE

POUR
6 PERSONNES

PRÉPARATION
15 MIN

- 180 g de boulgour fin
- 2 grosses tomates
- 2 mini-concombres
- 1 botte de persil
- ½ botte de menthe
- ½ botte de cébette
- ½ grenade
- 6 g de mélange sept épices libanais
- 6 cl d'huile d'olive
- 9 cl de jus de citron
- 9 g de sel
- 2 sucrines

Tabouleh
comme au Liban

1 Faites tremper le boulgour dans deux fois son volume d'eau, jusqu'à ce qu'elle soit entièrement absorbée.

2 Lavez les légumes et les herbes. Taillez les tomates et les concombres en petits dés, ciselez le persil, la menthe et la cébette. Récupérez les grains de la grenade.

3 Faites une vinaigrette avec le mélange de sept épices, l'huile d'olive, le jus de citron et le sel.

4 Mélangez les légumes, les herbes et la vinaigrette.

5 Dressez dans un saladier ou dans des petits bols individuels, avec quelques feuilles de sucrine.

POUR
6 PERSONNES
PRÉPARATION
30 MIN
REPOS
72 H + 3 H

Saumure

100 g de gros sel de mer

20 cl d'eau

1 chou chinois

Kimchi

150 g de radis long

12 gousses d'ail hachées

4 à 6 c. à s. de piment coréen en poudre

2 c. à s. de crevettes séchées et fermentées

2 c. à s. de sauce de poisson fermentée

5 cl de bouillon de légumes

Kimchi express

Saumure

1 Faites fondre le sel de mer dans l'eau pour réaliser une saumure.

2 Coupez le chou chinois en quatre dans la longueur, avec sa racine. Laissez macérer le chou 3 h dans l'eau froide salée.

Kimchi

3 Pelez le radis long et coupez-le en julienne. Pelez l'ail et hachez-le. Mettez-les dans un saladier et ajoutez le piment, les crevettes, la sauce de poisson fermentée et le bouillon de légumes pour obtenir une pâte nappante.

4 Égouttez le chou macéré et insérez la pâte de kimchi entre chacune de ses feuilles.

5 Mettez le kimchi dans des pots hermétiques et laissez-le 72 h au réfrigérateur avant de le déguster.

RECETTE VEGGIE · RECETTE VEGGIE ·

POUR
6 PERSONNES

PRÉPARATION
15 MIN

REPOS
3 H

- 2 betteraves cuites
- 2 lingots de chèvre
- Quelques baies roses
- Quelques brins de ciboulette
- Sel
- Poivre du moulin

Terrine de betterave au chèvre

La betterave fait partie de la famille des légumes-racines, comme la carotte et le navet. Elle est excellente pour détoxifier l'organisme en hiver, notamment après les fêtes.

1 Coupez la betterave et les lingots de chèvre en tranches.

2 Tapissez l'intérieur d'un plat à terrine avec du film alimentaire. Disposez dans le fond une première couche de tranches de betterave. Salez, poivrez et ajoutez quelques baies roses. Ajoutez ensuite une couche de tranches de chèvre. Répétez l'opération en tassant bien entre chaque couche, sans oublier d'assaisonner les couches de betterave. Filmez le tout et laissez prendre au réfrigérateur au moins 3 h.

3 Parsemez de ciboulette ciselée avant de servir.

POUR
4 PERSONNES
PRÉPARATION
20 MIN
REPOS
48 H

Saumon gravlax

500 g de saumon extra frais
6 c. à s. de sucre vergeoise
6 c. à s. de gros sel
Le zeste d'une orange
Le zeste d'un citron vert
1 beau bouquet d'aneth

Sauce

1 fromage blanc
1 c. à s. de Savora®
1 c. à s. d'aneth ciselé
½ c. à c. de sucre roux
1 pincée de sel

Finition

4 belles tranches de pain noir
½ fenouil
1 citron
Huile d'olive
Sel
Quelques baies roses

Tartines nordiques
au saumon gravlax

Saumon gravlax

1 Deux jours à l'avance, mélangez le sucre, le sel, le zeste d'orange et de citron vert, ainsi que l'aneth ciselé. Retirez la peau du saumon et étalez ce mélange sur la chair du poisson. Enveloppez-le fermement et plusieurs fois de film alimentaire. Déposez-le dans un plat creux, ajoutez des poids par-dessus et réservez au frais 48 h, en vidant le liquide régulièrement.

Sauce

2 Le jour même, préparez la sauce en mélangeant dans un bol le fromage blanc avec la Savora®, l'aneth ciselé, le sucre roux et le sel.

Finition

3 Faites éventuellement légèrement toaster le pain au grille-pain. Émincez le fenouil à la mandoline, citronnez-le et ajoutez 2 c. à s. d'huile d'olive. Salez et poivrez.

4 Déballez le saumon, rincez-le délicatement sous un filet d'eau froide et émincez-le très finement à l'aide d'un couteau bien aiguisé.

5 Dressez les tartines en commençant par étaler la sauce sur le pain. Ajoutez des tranches de saumon et, enfin, du fenouil. Agrémentez de quelques brins d'aneth et de baies roses et dégustez aussitôt.

POUR
6 PERSONNES
PRÉPARATION
15 MIN
REPOS
2 H

10 filets de sardines
Le jus de 3 citrons jaunes
10 cl d'huile d'olive
Fleur de sel
Poivre du moulin

Sardines
marinées à l'huile

Pour gagner du temps, demandez à votre poissonnier de lever les filets de sardines pour vous !

1 Mélangez le jus de citron jaune à 6 cl d'huile d'olive. Versez le tout dans un plat et déposez les filets de sardines dans cette marinade. Laissez mariner 2 h.

2 Égouttez les sardines et placez-les dans l'assiette. Badigeonnez-les d'huile d'olive avec un pinceau, ajoutez une pincée de fleur de sel et un tour de moulin à poivre.

Conseil

Poivrez tout autour des sardines, ajoutez des baies roses et du citron confit. Servez les sardines avec des tranches de ficelle toastées.

POUR
4 PERSONNES
PRÉPARATION
20 MIN
REPOS
1 H

250 g de thon blanc cru
Le jus de 3 citrons verts
3 tomates
1 carotte
1 concombre
3 gousses d'ail
1 oignon blanc
10 cl de lait de coco
Sel
Poivre du moulin

Poisson cru
à la tahitienne

1 Coupez le thon en cubes et faites-le mariner avec le jus des citrons pendant 1 h.

2 Coupez les tomates en quartiers. Pelez, puis râpez la carotte. Pelez le concombre et coupez-le en cubes. Épluchez l'ail et l'oignon, taillez-les en lamelles.

3 Mettez le thon et les légumes dans un saladier, puis ajoutez le lait de coco et assaisonnez.

4 Laissez macérer 5 min puis rectifiez l'assaisonnement avant de servir.

POUR
6 PERSONNES
PRÉPARATION
10 MIN
REPOS
1 H

Marinade

2 citrons verts

3 cm de racine de gingembre frais

1 c. à s. d'huile d'olive

1 pincée de curry

Sel

Poivre du moulin

Carpaccio

300 g de noix de saint-jacques sans corail

Baies roses

Carpaccio de saint-jacques, gingembre et citron vert

Marinade

1 Prélevez le zeste de 1 citron vert à l'aide d'une râpe et réservez-le.

2 Pressez les 2 citrons à l'aide d'un presse-agrume pour en récupérer le jus, et versez ce dernier dans un bol.

3 Épluchez le gingembre, puis râpez-le finement à l'aide d'une râpe au-dessus du bol. Ajoutez l'huile d'olive et le curry, salez et poivrez. Mélangez le tout.

Carpaccio

4 À l'aide d'un couteau bien aiguisé, détaillez les noix de saint-jacques en fines tranches. Mettez-les dans un saladier, ajoutez la marinade, puis mélangez délicatement. Couvrez de film étirable et laissez reposer 1 h au réfrigérateur.

5 Répartissez le carpaccio de saint-jacques dans 6 assiettes, saupoudrez de zeste de citron vert et parsemez de quelques baies roses. Servez bien frais.

Conseils

Avant de couper les saint-jacques, prenez soin de vérifier que le petit film qui les entoure a bien été retiré. Vous pouvez ajouter de la coriandre ciselée et/ou des cubes de mangue et d'avocat. Vous pouvez également remplacer le curry par des graines de vanille.

POUR
4 PERSONNES
PRÉPARATION
10 MIN
REPOS
30 MIN

4 filets de daurade (sans la peau)
2 citrons verts
6 fruits de la passion
12 cl d'huile d'olive
Fleur de sel
Poivre du moulin

Carpaccio de daurade au fruit de la passion

1 Coupez les filets de daurade en tranches très fines et disposez-les dans un plat.

2 Râpez le zeste d'un citron vert dans un bol et réservez. Pressez les 2 citrons verts pour en prélevez le jus et mettez-le dans un autre bol.

3 Coupez les fruits de la passion en deux et récupérez la chair à l'aide d'une cuillère. Mettez-la dans le bol contenant le jus de citron et ajoutez l'huile d'olive. Assaisonnez avec du sel et du poivre, puis versez sur le carpaccio de daurade. Réservez 30 min au réfrigérateur.

4 Dressez le carpaccio dans 4 assiettes, parsemez de zeste de citron vert râpé et d'un peu de fleur de sel.

Astuce

Pour raffermir la chair du poisson et en faciliter la découpe, il suffit d'entreposer les filets 15 min au congélateur.

POUR
4 PERSONNES
PRÉPARATION
15 MIN

- 250 g de lieu sans la peau
- 2 citrons jaunes
- 2 pommes vertes
- 1 oignon rouge
- ⅓ de botte de coriandre
- 200 g de betterave
- 1 filet d'huile d'olive
- 10 brins de ciboulette
- Fleur de sel

Ceviche de lieu à la betterave et à la pomme

1 Coupez le lieu en petits cubes de 1 cm. Râpez les citrons pour en prélever le zeste, puis pressez-les afin d'en récupérer le jus. Dans un saladier, mélangez délicatement le poisson avec le jus et le zeste de citron et assaisonnez.

2 Coupez les pommes vertes non pelées en fines allumettes. Épluchez l'oignon rouge, puis émincez-le très finement. Hachez la coriandre. Ajoutez la pomme, l'oignon et la coriandre au poisson et mélangez.

3 Taillez la betterave en de très fines lamelles à l'aide d'une mandoline. Dressez-les harmonieusement dans des assiettes plates. Disposez le ceviche par-dessus. Ajoutez un filet d'huile d'olive, de la ciboulette ciselée finement et un peu de fleur de sel.

Astuce

Vous pouvez, si vous aimez, ajouter un peu de gingembre frais râpé dans votre ceviche.

POUR
4 PERSONNES
PRÉPARATION
10 MIN
REPOS
1 H

400 g de thon frais
1 petit oignon rouge
1 petit poivron rouge
½ bouquet de coriandre fraîche
2 citrons verts
3 c. à s. d'huile d'olive
Sel
Poivre du moulin

Ceviche de thon, citron vert et coriandre

1 Coupez le thon en cubes de 2 cm de côté.

2 Épluchez l'oignon. Coupez le poivron rouge en deux et épépinez-le. Détaillez l'oignon et le poivron en petits cubes. Dans un saladier, mélangez les dés de thon, d'oignon et de poivron.

3 Avec un zesteur ou une râpe fine, prélevez le zeste d'un citron vert. À l'aide d'un presse-agrume, pressez les citrons verts pour en récupérer le jus. Dans un bol, mélangez le jus et le zeste avec l'huile d'olive, du sel et du poivre. Versez sur le poisson.

4 Lavez la coriandre, effeuillez-la, puis ciselez-la. Ajoutez-la dans le saladier et mélangez délicatement le tout. Couvrez de film alimentaire et laissez mariner pendant 1 h au réfrigérateur.

5 Servez bien frais.

Astuces

Vous pouvez également ajouter des dés de mangue ou d'avocat à cette recette. Pour une version plus relevée, ajoutez un petit piment haché ou 1/2 c. à c . de gingembre moulu.

POUR
4 PERSONNES
PRÉPARATION
10 MIN
REPOS
1 H

300 g de saumon frais
1 oignon rouge
½ mangue
1 pointe de couteau de gingembre en poudre
Le jus de 1 citron vert
15 brins de ciboulette
1 avocat
Sel

Tartare de saumon

1 Coupez le saumon en cubes d'environ 1 cm de côté.

2 Épluchez l'oignon et la mangue. Détaillez-les en cubes. Mettez les cubes de saumon, de mangue et d'oignon dans un saladier. Ajoutez le gingembre en poudre, le jus de citron vert, et mélangez. Laissez mariner pendant 1 h au réfrigérateur.

3 Avant de servir, ciselez la ciboulette et détaillez la chair de l'avocat en dés de même taille que le saumon et la mangue, puis ajoutez-les au tartare. Mélangez délicatement.

4 Répartissez dans des assiettes en utilisant un cercle, ou dans des bols de service. Servez immédiatement.

Astuce

Remplacez la mangue par des petits cubes de pomme verte acidulée.

POUR
6 À 8 PERSONNES
PRÉPARATION
15 MIN
REPOS
24 H

1 filet de saumon frais avec la peau
2 betteraves cuites
½ botte d'aneth frais (ou à défaut séché)
1 pincée de baies roses
150 g de gros sel
50 g de sucre semoule

Gravlax de saumon à la betterave

1 La veille, déposez le filet de saumon, côté peau, dans un plat à gratin suffisamment large. Vérifiez qu'il n'y ait pas d'arêtes. Le cas échéant, retirez-les à l'aide d'une pince à épiler.

2 Râpez les betteraves, ciselez finement l'aneth et concassez les baies roses. Mettez le tout dans un bol, ajoutez le sel et le sucre, puis mélangez. Répartissez cette préparation sur toute la surface du saumon, côté chair donc, de manière à la recouvrir intégralement. Fermez hermétiquement le plat à l'aide de film alimentaire et laissez mariner le saumon pendant 24 h au frais.

3 Le jour même, sortez le filet de saumon du réfrigérateur et retirez le surplus de la préparation sel-sucre. Taillez-en de belles tranches fines à l'aide d'un couteau bien aiguisé et réservez-les au réfrigérateur jusqu'au moment de servir.

4 Accompagnez d'un filet de jus de citron ou d'un peu de crème fraîche.

Astuce

Une fois votre gravlax réalisé et débarrassé du mélange sel-sucre qui le recouvre, vous pouvez le congeler entier ou déjà coupé en morceaux. Mettez-le bien à l'abri dans une boîte hermétique avant de le mettre au congélateur. Pour le décongeler, sortez-le et placez-le au réfrigérateur au moins plusieurs heures avant la dégustation. Bien sûr, cela s'applique uniquement si le saumon n'a pas déjà été congelé.

POUR
6 PERSONNES
PRÉPARATION
10 MIN
REPOS
2 JOURS + 3 SEMAINES

1 magret de canard de 300 g environ
1 kg de gros sel
Quelques branches de thym frais
Poivre du moulin

Magret de canard séché

Attention, cette préparation est d'une grande simplicité, mais elle suppose d'être prévoyant. Il vous faudra plusieurs semaines d'attente avant de pouvoir consommer votre magret.

1 Dans un récipient en verre d'une taille équivalente au magret de canard, constituez un lit de gros sel. Ajoutez quelques branches de thym frais et du poivre concassé. Déposez le magret dessus, puis couvrez à nouveau de thym et de poivre.

2 Recouvrez le tout avec une nouvelle couche de sel. Fermez le plat de manière hermétique, afin qu'il ne prenne pas les odeurs. Entreposez-le dans le bas du réfrigérateur pendant 2 jours.

3 Au bout de ce temps-là, passez le magret sous l'eau pour le débarrasser de tout le sel. Séchez-le bien à l'aide d'un torchon propre.

4 Assaisonnez le magret de poivre sur toutes les faces et enroulez-le complètement dans un torchon propre. Mettez au réfrigérateur et attendez 3 semaines avant de le déguster.

POUR
6 PERSONNES

PRÉPARATION
10 MIN

320 g de carpaccio de bœuf (rumsteck, à demander à votre boucher)

Huile d'olive extra-vierge

Le jus de 1 citron vert

Pousses de moutarde frisée

Pousses de roquette

Copeaux de grana padano AOP

Câpres en fleurs

Sel

Poivre du moulin

Carpaccio de bœuf

Voici un plat on ne peut plus simple et extrêmement rapide à préparer. L'essentiel réside dans le choix de la viande, qui doit être fraîche et coupée très finement. Les Italiens ont aussi coutume de servir ce carpaccio avec des cèpes frais et crus lorsque c'est la saison. Une idée à tester !

1 Répartissez le carpaccio de bœuf sur 6 assiettes, assaisonnez-le avec de l'huile d'olive, du sel, du poivre et du jus de citron vert.

2 Décorez les assiettes avec de la moutarde frisée, de la roquette, des copeaux de grana padano et des câpres coupées en deux.

POUR
4 PERSONNES
PRÉPARATION
15 MIN

- 600 g de bœuf
- 2 échalotes
- 30 g de câpres
- 40 g de cornichons
- 1 petit bouquet de persil
- 1 c. à s. de moutarde forte
- 3 gouttes de Tabasco®
- 2 c. à s. de sauce Worcestershire
- 2 jaunes d'œufs
- Sel
- Poivre du moulin

Tartare de bœuf

1 Hachez la viande de bœuf à l'aide d'un hachoir ou d'un gros couteau.

2 Pelez les échalotes, puis hachez-les, ainsi que les câpres et les cornichons. Lavez et ciselez le persil, puis réservez.

3 Mélangez la viande avec les échalotes, les câpres et les cornichons, ajoutez la moutarde, le persil, le Tabasco®, la sauce Worcestershire et les jaunes d'œufs. Salez et poivrez.

4 Répartissez le tartare dans 4 assiettes. Servez avec des frites.

Conseil

Le tartare ne se conserve pas, dégustez-le immédiatement.

POUR
6 PERSONNES
PRÉPARATION
20 MIN
REPOS
30 MIN

300 g de gigot d'agneau très frais
120 g de boulgour
60 g d'oignon (½ oignon environ)
15 g de menthe
15 g de basilic
3 g de cannelle moulue
3 cl d'huile d'olive
Sel et poivre blanc

Kebbeh nayé

1 Faites tremper le boulgour dans le double de son volume d'eau pendant 30 min, puis égouttez-le.

2 Pelez l'oignon et émincez-le. Gardez quelques feuilles de menthe, puis ciselez le reste. Ciselez également le basilic.

3 Hachez la viande et mélangez-la avec l'oignon, le boulgour, la menthe, le basilic, la cannelle, du sel et du poivre.

4 Dans un plat, moulez la viande en forme ovale. Faites des petits trous à intervalles réguliers pour décorer. Agrémentez de quelques feuilles de menthe et versez l'huile d'olive par-dessus au moment de servir.

Conseil

Il est très important de choisir une viande extrêmement fraîche pour cette recette. Demandez conseil à votre boucher.

Chapitre 3

Salades colorées

RECETTE VEGGIE

POUR
6 PERSONNES

PRÉPARATION
15 MIN

- 2 concombres
- 6 tomates de couleur et de variété de votre choix
- 1 oignon rouge
- 300 g de feta
- 20 olives de Kalamata
- 30 g d'huile d'olive
- Sel
- Poivre du moulin

Salade grecque

1 Lavez les concombres et les tomates. Pelez les concombres et coupez-les en deux dans le sens de la longueur. Épépinez-les, puis coupez-les en tronçons de 1 cm environ. Retirez le pédoncule des tomates et coupez ces dernières en quartiers. Épluchez l'oignon et émincez-le finement. Coupez la feta en cubes de 1 cm. Dénoyautez les olives.

2 Mélangez tous les ingrédients dans un cul-de-poule et assaisonnez de sel et de poivre. Arrosez généreusement d'huile d'olive. Dressez harmonieusement dans un plat ou un saladier.

RECETTE VEGGIE · RECETTE VEGGIE

POUR
4 PERSONNES
PRÉPARATION
10 MIN

Pesto mâche-pistache
- 200 g de mâche
- 80 g de pistaches
- 80 g de parmesan
- Le jus de 1 citron jaune
- 8 c. à s. d'huile d'olive
- 1 c. à c. de sel
- 1 c. à c. de poivre du moulin

Salade
- 2 choux-raves
- 2 carottes violettes
- 2 carottes jaunes
- Le jus de 1 citron jaune
- 1 filet d'huile d'olive
- 60 g de mâche

Chou-rave, carotte, pesto mâche-pistache

Pesto mâche-pistache

1 Mixez 120 g de mâche avec les pistaches, le parmesan, le jus de citron, l'huile d'olive, le sel et le poivre. Réservez.

Salade

2 Lavez les légumes, épluchez les choux-raves et les carottes, râpez-les finement. Mélangez-les avec le jus de citron et un léger filet d'huile d'olive.

3 Répartissez les légumes dans des bols creux, ajoutez quelques feuilles de mâche et ajoutez le pesto par-dessus.

POUR
4 PERSONNES
PRÉPARATION
10 MIN

Vinaigrette

1 tête d'ail
1 c. à s. de moutarde à l'ancienne
Le jus de ½ citron
20 cl d'huile d'olive
50 g de parmesan râpé
Sel
Poivre du moulin

Salade

1 bouquet de chou kale
1 salade
2 pommes
250 g de jambon prosciutto
Copeaux de parmesan
Huile d'olive

Salade de chou kale aux pommes, prosciutto et parmesan

Vinaigrette

1 Pelez l'ail. Mettez-le avec la moutarde, le jus de citron, l'huile d'olive et le parmesan dans un mixeur. Salez, poivrez, et mixez. Réservez.

Salade

2 Lavez les feuilles de chou kale, émincez-les et déposez-les dans un saladier. Répétez cette opération avec la salade. Lavez les pommes, coupez-les en lamelles et ajoutez-les.

3 Versez la vinaigrette sur la salade. Coupez le prosciutto en morceaux, ajoutez-les dans le saladier et mélangez le tout.

4 Servez avec des copeaux de parmesan.

POUR
4 PERSONNES
PRÉPARATION
20 MIN

Salade de fruits et légumes
2 pêches
2 tomates de plein champ
200 g de pastèque
½ concombre
1 oignon rouge
1 branche de basilic
5 cl de vinaigre de vin rouge
5 cl d'huile de colza
Sel
Piment d'Espelette

Pesto de roquette
50 g de roquette
30 g de parmesan
5 cl d'huile d'olive
1 pincée de piment d'Espelette

Salade de fruits et légumes d'été, pesto de roquette

Une salade antioxydante et vitaminée grâce au mélange des légumes et des fruits de saison !

Salade de fruits et légumes

1 Épluchez les pêches et coupez-les en dés. Coupez les tomates et la pastèque en dés de 2 cm.

2 Coupez le demi-concombre en fines lamelles. Pelez et émincez l'oignon rouge.

3 Mélangez le tout dans un saladier, puis ajoutez le basilic, le vinaigre de vin et l'huile de colza. Assaisonnez avec du sel et du piment d'Espelette.

Pesto de roquette

4 Préparez le pesto en mixant la roquette avec le parmesan, l'huile d'olive et le piment d'Espelette. Mettez le pesto de roquette sur la salade au moment de servir et ajoutez un peu de roquette entière pour décorer.

POUR
6 PERSONNES
PRÉPARATION
20 MIN
REPOS
15 MIN

300 g de semoule à couscous (semoule de blé fine)
4 tomates rouges
1 oignon rouge
1 gousse d'ail
1 bouquet de menthe fraîche
2 bouquets de persil plat
Le jus de 1 citron
Huile d'olive
Sel

RECETTE VÉGANE · RECETTE VÉGANE

Taboulé tunisien

1 Déposez les grains de semoule à couscous dans une plaque creuse ou un cul-de-poule. Recouvrez d'eau très chaude à hauteur et couvrez. Laissez les grains gonfler pendant 15 min.

2 Laissez refroidir et égrenez pour obtenir une semoule bien fine.

3 Lavez les tomates et coupez-les en brunoise. Pelez l'oignon et l'ail, puis émincez-les finement. Lavez et hachez les herbes aromatiques.

4 Mélangez la semoule avec les légumes et les herbes, puis assaisonnez avec le jus de citron, l'huile d'olive et le sel.

RECETTE VEGGIE

POUR
4 PERSONNES

PRÉPARATION
15 MIN

2 endives blanches
1 endive violette
1 pomme verte
100 g de vieille mimolette
16 cerneaux de noix
½ grenade
1 branche de persil plat

Vinaigrette au miel
2 c. à s. de miel
5 cl de jus de citron jaune
5 cl d'huile de colza
Sel
Piment d'Espelette

Rémoulade d'endives, mimolette et vinaigrette au miel

1 Coupez toutes les endives en deux et retirez le tronçon. Coupez-les dans la longueur et mettez-les dans un saladier. Coupez la pomme verte en fins bâtonnets et ajoutez-les aux endives.

2 Préparez la vinaigrette en mélangeant le miel, le jus de citron et l'huile de colza dans un bol. Assaisonnez avec du sel et du piment d'Espelette. Versez la vinaigrette dans le saladier, mélangez et rectifiez l'assaisonnement si nécessaire.

3 Disposez la salade dans de jolies assiettes et ajoutez dessus des copeaux de mimolette, des éclats de noix et des graines de grenade. Terminez par un peu de persil plat ciselé.

RECETTE VEGGIE

POUR
4 PERSONNES

PRÉPARATION
10 MIN

- 6 tomates
- 100 g de tomates cerises
- 2 ou 3 nectarines
- 60 g d'olives de Kalamata
- 1 branche de basilic frais
- 4 c. à s. d'huile d'olive
- 2 c. à s. de crème de balsamique
- 1 burrata
- Fleur de sel
- Poivre noir

Tomates, nectarines, burrata, olives et basilic

1 Lavez les tomates, les tomates cerises et les nectarines. Séchez-les délicatement. Coupez les tomates et les nectarines en lamelles et les tomates cerises en deux.

2 Placez le tout dans un saladier et ajoutez les olives entières. Ciselez la moitié des feuilles de basilic et ajoutez-les dans le saladier. Salez, poivrez, puis versez l'huile d'olive et la crème de balsamique. Mélangez le tout.

3 Égouttez la burrata et servez-la entière avec la salade. Agrémentez de quelques feuilles de basilic et dégustez sans attendre.

RECETTE VEGGIE

POUR
4 PERSONNES

PRÉPARATION
20 MIN

1 botte de cresson
1 fenouil
½ mangue
⅔ de concombre
2 petites poignées de graines (courges, pignons, lin, etc.)
1 botte de coriandre
Le zeste de 2 petits citrons
2 c. à s. de zaatar
80 g de feta

Vinaigrette
2 échalotes
6 c. à s. de vinaigre de vin
6 c. à s. de jus de grenade
1 pincée de sel
20 cl d'huile d'olive

Cresson, feta, légumes

Vinaigrette

1 Ciselez très finement les échalotes et mettez-les dans un bol. Arrosez avec le vinaigre et 1 pincée de sel. Réservez 10 min environ. Ajoutez le jus de grenade et émulsionnez à l'aide d'un petit fouet ou d'une fourchette tout en versant l'huile d'olive.

Salade

2 Coupez les tiges du cresson et rincez-le longuement dans de l'eau froide. Essorez-le et mettez-le dans un saladier.

3 Émincez le fenouil, découpez la mangue en dés. Lavez le concombre, épépinez-le et coupez-le en dés. Mettez le tout dans le saladier, puis ajoutez les graines et les feuilles de coriandre. Mélangez, puis parsemez de zeste de citron et de zaatar.

4 Émiettez la feta. Répartissez la salade dans 4 assiettes, parsemez de feta et arrosez de vinaigrette.

RECETTE VEGANE · RECETTE VEGANE ·

POUR
4 PERSONNES

PRÉPARATION
30 MIN

Vinaigrette thaïe

20 g de gingembre frais

2 gousses d'ail

¼ de bâton de citronnelle

1 petit bout de piment rouge ou quelques gouttes de Tabasco®

10 cl de sauce soja

25 g d'huile de sésame grillé

50 g d'huile d'olive ou d'huile d'arachide

Le jus de 2 citrons verts

Salade de choux

200 g de chou kale

200 g de chou blanc

200 g de chou rouge

1 c. à s. de graines de sésame grillées

¼ de botte de coriandre

Sel

Piment d'Espelette

Salade de choux façon thaïe

Vinaigrette thaïe

1 Pelez le gingembre et les gousses d'ail, hachez-les. Mettez-les dans un blender avec la citronnelle, puis ajoutez le piment (ou à défaut le Tabasco®), la sauce soja, les huiles et le jus de citron vert. Mixez fortement, puis passez à travers une passoire ou un chinois.

Salade de choux

2 Retirez les côtes des choux et coupez-les finement. Mettez le tout dans un saladier, ajoutez la vinaigrette et laissez mariner 20 min.

3 Au moment de servir, ajoutez des graines de sésame grillées et de la coriandre hachée, puis assaisonnez à votre goût avec du sel et du piment d'Espelette.

POUR
4 PERSONNES
PRÉPARATION
20 MIN

1 concombre
1 orange
¼ de grenade
160 g de feta
Le jus de 1 citron
Feuilles de menthe fraîches
Huile d'olive
Sel
Poivre du moulin

RECETTE VEGGIE · RECETTE VEGGIE ·

Salade de concombre aux agrumes

1 Lavez et épluchez le concombre, puis coupez-le en rondelles. Épluchez l'orange et coupez-la pour recueillir les suprêmes. Épluchez la grenade et récupérez les grains en les détachant délicatement. Coupez la feta en petits dés.

2 Mettez le tout dans un saladier. Ajoutez le jus de citron, les feuilles de menthe ciselées, salez et poivrez. Terminez par un filet d'huile d'olive et dégustez.

RECETTE VEGGIE

POUR
6 PERSONNES

PRÉPARATION
15 MIN

Salade d'artichaut

1 bouquet d'artichauts violets

Le jus de 2 citrons

Un mélange de salade (chêne vert, batavia, roquette, salanova, etc.)

Un mélange d'herbes (oseille sanguine, origan frais, cerfeuil)

100 g de copeaux de parmesan

20 g de graines de courge

Vinaigrette balsamique

6 c. à s. d'huile d'olive

1 c. à s. de moutarde

3 c. à s. de vinaigre balsamique

1 pincée de baies rouges

Sel

Poivre

Salade d'artichaut violet aux herbes

Les artichauts violets ou artichauts poivrade se dégustent le plus souvent crus, avec un peu de beurre et de sel de Guérande. En salade, ils sont tout aussi délicieux.

Salade d'artichaut

1 Rincez les artichauts à l'eau claire et essuyez-les soigneusement. Retirez les premières feuilles plus dures. Coupez la partie basse de la tige et le sommet des feuilles. Déposez-les dans un saladier et arrosez-les avec le jus de citron pour qu'ils ne s'oxydent pas.

2 Lavez et essorez les différentes salades ainsi que les herbes. Mélangez le tout dans un grand saladier, puis ajoutez les copeaux de parmesan et les graines de courge.

3 Coupez les artichauts violets en quatre et mettez-les dans la salade.

Vinaigrette balsamique

4 Préparez la vinaigrette en mélangeant l'huile d'olive avec la moutarde et le vinaigre balsamique. Ajoutez les baies rouges, salez et poivrez à votre convenance.

5 Servez la salade d'artichauts avec la vinaigrette.

POUR
4 PERSONNES

PRÉPARATION
15 MIN

REPOS
20 MIN

⅓ de chou vert
1 carotte
1 pomme
⅓ de botte de coriandre

Sauce passion
2 fruits de la passion
2 c. à s. de miel
4 c. à s. de fromage blanc 0 %
2 c. à s. d'huile d'olive
Le jus de ½ citron
Sel
Poivre du moulin

Coleslaw au fruit de la passion

1 Pelez la carotte et la pomme. Râpez-les, ainsi que le chou. Hachez la coriandre.

2 Préparez la sauce passion en mixant tous les ingrédients. Filtrez-la et mélangez-la avec les légumes râpés.

3 Réservez 20 min au frais avant de déguster.

RECETTE VEGGIE · RECETTE VEGGIE ·

POUR
4 PERSONNES

PRÉPARATION
15 MIN

Salade

10 carottes

1 bouquet de coriandre ou de persil frais

100 g de pistaches

150 g de feta

Vinaigrette

Le jus de ½ orange

2 c. à s. d'huile de noix

2 c. à s. de vinaigre de cidre

1 c. à s. de miel

⅓ de c. à c. de cumin moulu

Sel

Poivre du moulin

Salade de carotte à l'orange, pistache et feta

Vinaigrette

1 Versez le jus d'orange, l'huile de noix et le vinaigre dans un bocal. Ajoutez le miel, le cumin moulu, salez et poivrez. Secouez le bocal jusqu'à obtenir une texture fluide et homogène. Réservez.

Salade

2 Épluchez et lavez les carottes puis détaillez-les en lamelles à l'aide d'une mandoline ou d'un économe. Placez-les dans un saladier.

3 Ciselez la coriandre. Concassez grossièrement les pistaches. Ajoutez le tout dans le saladier.

4 Versez la vinaigrette et mélangez.

5 Au moment de servir, émiettez la feta directement au-dessus de la salade. Dégustez sans attendre.

RECETTE VEGGIE · RECETTE VEGGIE ·

POUR
6 PERSONNES

PRÉPARATION
10 MIN

2 grosses tomates cœur de bœuf de 500 g chacune

3 boules de mozzarella de bufflonne de 125 g chacune

3 c. à s. d'huile d'olive extra-vierge

1 petit bouquet de basilic

Huile d'olive infusée au basilic

Sel

Poivre du moulin

Salade caprese

Peut-être la salade la plus simple du monde, mais sûrement aussi l'une des meilleures. Si vous avez de bons produits, cette entrée tout en fraîcheur sera un régal pour vos convives. De quoi bien démarrer un repas ou faire une pause pique-nique simple et efficace !

1 Lavez les tomates et coupez-les en tranches assez fines. Assaisonnez-les avec du sel, du poivre et de l'huile d'olive.

2 Coupez les boules de mozzarella en tranches de 1 cm d'épaisseur et assaisonnez-les à votre convenance. Dressez harmonieusement les tranches de mozzarella et les tranches de tomates en les alternant, puis agrémentez de feuilles de basilic.

3 Versez de l'huile d'olive infusée au basilic à votre convenance et servez aussitôt.

Conseils

Pour déguster la mozzarella dans les meilleures conditions, sortez-la du réfrigérateur 2 ou 3 h avant de la servir. Ne conservez pas vos tomates au réfrigérateur si vous ne les avez pas achetées au rayon frais.

RECETTE VÉGANE · RECETTE VÉGANE

POUR
4 PERSONNES
PRÉPARATION
20 MIN

2 poignées de chou kale ou de jeunes pousses d'épinard

2 poignées de mesclun

2 poignées de roquette

2 c. à s. d'huile d'olive

2 c. à c. de vinaigre de cidre

6 c. à s. de graines de chanvre

2 c. à s. de levure nutritionnelle

1 avocat mûr

Sel

Poivre du moulin

L'ultime salade verte

Une petite salade verte pour accompagner vos plats d'été ? Évidemment ! Mais avec le petit twist estival qui va bien… Celle-ci est très bonne, mais aussi très bonne pour la santé. Les graines de chanvre, qui constituent une des meilleures options pour consommer de la protéine végétale, sont riches en vitamine E, au fort pouvoir antioxydant qui lutte contre le vieillissement de la peau. L'avocat quant à lui est un anti-inflammatoire naturel, et son « bon gras » hydrate la peau et participe à une bonne santé cardiovasculaire.

1 Lavez et tranchez finement le chou kale. Dans un grand bol, mélangez-le avec le mesclun et la roquette. Ajoutez l'huile, le vinaigre et 1 pincée de sel. Massez la salade avec vos mains.

2 Ajoutez les graines de chanvre, du poivre et la levure nutritionnelle et mélangez de nouveau.

3 Récupérez délicatement la chair de l'avocat et tranchez-la en fines tranches.

4 Disposez la salade dans 4 assiettes, recouvrez d'avocat tranché et saupoudrez à nouveau de quelques graines de chanvre.

Conseil

Vous pouvez préparer cette salade à l'avance ou l'emporter avec vous en pique-nique, mais ajoutez toujours l'avocat au dernier moment.

POUR
4 PERSONNES
PRÉPARATION
10 MIN

- 2 grosses burratas ou 4 petites
- 60 g de poutargue
- 12 fraises
- 4 tomates noires de Crimée bien mûres
- 100 g de roquette
- Huile d'olive
- Sel
- Poivre du moulin

Burrata à la poutargue, roquette, tomate, fraise

1 Sortez chaque burrata de son emballage, arrosez d'un filet d'huile d'olive et râpez par-dessus la poutargue (en prenant le soin de retirer la cire). Réservez.

2 Lavez délicatement les fraises et les tomates. Coupez les tomates en dés, les fraises en quartiers et rassemblez le tout dans un saladier. Ajoutez 2 c. à s. d'huile d'olive, salez et poivrez. Lavez la roquette.

3 Répartissez les fraises et les tomates dans chaque assiette, éclatez délicatement la burrata et déposez-la par-dessus. Parsemez de feuilles de roquette. Dégustez.

Astuce

La poutargue est une poche d'œufs de mulet salée et séchée. Nommée « caviar de la Méditerranée », vous la trouverez dans les épiceries fines.

POUR
4 PERSONNES
PRÉPARATION
10 MIN

- 5 branches de céleri
- 1 ou 2 pommes
- 100 g de cerneaux de noix
- 4 c. à s. d'huile d'olive
- 2 c. à s. de jus de citron ou de vinaigre de cidre
- 100 g de copeaux de parmesan
- Sel
- Poivre du moulin

RECETTE VEGGIE

Salade de céleri,
pomme, noix et parmesan

1 Lavez le céleri et les pommes. Coupez les pommes en deux, puis en fines lamelles. Coupez le céleri en morceaux. Concassez grossièrement les noix.

2 Placez le céleri et les pommes dans un saladier. Ajoutez l'huile, le jus de citron, du sel et du poivre, et mélangez le tout.

3 Ajoutez les copeaux de parmesan et les noix concassées, mélangez une dernière fois et dégustez immédiatement.

RECETTE VÉGANE · RECETTE VÉGANE

POUR
4 PERSONNES

PRÉPARATION
10 MIN

Vinaigrette thaïe

20 g de gingembre frais
2 gousses d'ail
¼ de bâton de citronnelle
1 petit bout de piment rouge ou quelques gouttes de Tabasco®
10 cl de sauce soja
50 g d'huile de sésame grillé
100 g d'huile d'olive ou d'arachide
Le jus de 2 citrons verts

Salade

1 carotte
½ chou chinois
½ oignon rouge
½ concombre
½ botte de radis
¼ de botte de coriandre
2 c. à s. de cacahuètes salées
1 c. à s. de graines de sésame grillées

Petite salade thaïe

Vinaigrette thaïe

1 Pelez le gingembre et les gousses d'ail, hachez-les. Mettez-les dans un blender avec la citronnelle, puis ajoutez le piment (ou à défaut le Tabasco®), la sauce soja, les huiles et le jus de citron. Mixez fortement, puis passez à travers une passoire ou un chinois.

Salade

2 Lavez et pelez la carotte, puis taillez-la en lanières. Retirez les côtes du chou chinois et émincez-le. Pelez l'oignon rouge et émincez-le également.

3 Lavez le concombre et les radis, puis taillez-les en fines rondelles.

4 Mélangez le tout dans un saladier et ajoutez progressivement la vinaigrette selon votre goût.

5 Disposez la salade dans de jolies assiettes et saupoudrez de coriandre hachée, de cacahuètes et de graines de sésame grillées.

RECETTE VÉGANE · RECETTE VÉGANE

POUR
4 PERSONNES
PRÉPARATION
15 MIN
REPOS
30 MIN

Sauce
2 gousses d'ail
2 c. à c. de chili oil ou sauce pimentée
6 c. à s. de vinaigre noir
4 c. à s. de sauce soja claire
2 c. à c. de sucre
2 c. à s. de jus de citron
2 c. à c. d'huile de sésame
Sel
Poivre du moulin

Smashed cucumbers
2 concombres
2 échalotes
4 branches de coriandre
Graines de sésame

Smashed cucumbers

**Une recette très populaire en Chine.
Elle est parfaite pour se rafraîchir l'été.**

Sauce

1 Pelez l'ail et émincez-le. Mettez-le dans un cul-de-poule, puis ajoutez le chili oil, le vinaigre, la sauce soja, le sucre, le jus de citron et l'huile de sésame. Salez, poivrez et mélangez bien. Réservez.

Smashed cucumbers

2 Lavez les concombres et essorez-les dans du papier absorbant. À l'aide d'un couteau grand et large, écrasez-les : posez la lame sur un concombre, puis appuyez légèrement à l'aide de votre main jusqu'à ce qu'il craque et s'ouvre en 4 sections. Renouvelez l'opération avec le second concombre. Coupez les concombres écrasés en morceaux d'environ 5 cm de longueur.

3 Disposez les concombres dans le cul-de-poule contenant la sauce, mélangez, puis laissez mariner 30 min au réfrigérateur.

4 Pendant ce temps, pelez les échalotes et taillez-les en petite julienne. Ciselez la coriandre.

5 Égouttez les concombres marinés dans un saladier, ajoutez les graines de sésame, la coriandre et les échalotes. Mélangez le tout et servez.

POUR
6 PERSONNES

PRÉPARATION
20 MIN

Sauce aux anchois

1 boîte d'anchois à l'huile

3 c. à s. de crème fraîche épaisse

200 g de grana padano AOP

3 branches de menthe

Salade

1 laitue romaine

1 puntarelle

1 boîte de cœurs d'artichauts à l'huile de qualité

Sel

Poivre du moulin

Salade romaine

Sauce aux anchois

1 Mixez les anchois avec leur huile. Ajoutez la crème fraîche et le grana padano, puis mixez plus doucement en ajoutant la menthe fraîche préalablement lavée. Gardez quelques petites feuilles pour la finition.

Salade

2 Lavez la laitue romaine et la puntarelle. Coupez la romaine en deux dans le sens de la longueur. Ôtez les feuilles extérieures et les pieds de la puntarelle et conservez le cœur. Coupez chaque sommité du cœur en deux.

3 Dressez la romaine, puis les artichauts et la puntarelle dans les assiettes. Garnissez de sauce aux anchois et ajoutez les feuilles de menthe. Assaisonnez à votre convenance.

POUR
4 PERSONNES

PRÉPARATION
10 MIN

1 à 2 têtes de chou-fleur violet (selon la taille)

½ oignon rouge

1 botte de persil

4 c. à s. d'huile d'olive

Le jus de 1 citron jaune

Le zeste de 1 orange

Graines de chanvre

Sel

Poivre du moulin

RECETTE VÉGANE · RECETTE VÉGANE

Taboulé de chou-fleur violet aux herbes

1 Lavez le chou-fleur, puis mixez-le au robot jusqu'à obtenir une semoule fine. Débarrassez dans un saladier.

2 Pelez l'oignon et émincez-le finement. Ciselez le persil. Ajoutez l'oignon, le persil, l'huile d'olive, le jus de citron et le zeste d'orange dans le saladier. Salez, poivrez, puis mélangez le tout et placez au réfrigérateur jusqu'à la dégustation.

3 Au moment de servir, rectifiez l'assaisonnement et saupoudrez de graines de chanvre.

POUR
6 PERSONNES
PRÉPARATION
15 MIN

600 g de chenklich (fromage libanais)
240 g de tomates
120 g de cébettes
30 g de persil
6 cl d'huile d'olive

Salade de chenklich

1 Lavez les tomates, puis coupez-les en dés. Taillez les cébettes en rondelles et hachez finement le persil.

2 Émiettez le chenklich, puis disposez-le au centre d'une assiette. Mettez les tomates et les cébettes tout autour. Saupoudrez de persil haché et nappez d'un filet d'huile d'olive.

3 Mélangez bien et dégustez frais.

POUR
4 PERSONNES
PRÉPARATION
10 MIN

2 courgettes
½ bouquet de coriandre
1 c. à c. de vinaigre balsamique blanc
2 c. à s. d'huile d'olive
1 pointe de couteau de curry
2 c. à s. de chèvre frais
Sel
Poivre du moulin

Rémoulade
de courgette au chèvre frais

1 Lavez les courgettes et coupez les extrémités. Taillez-les le plus finement possible en spaghettis ou en lanières.

2 Lavez et ciselez finement la coriandre.

3 Versez le vinaigre, l'huile, le curry, le sel, le poivre et le chèvre dans un saladier. Mélangez bien et ajoutez la coriandre. Enfin, ajoutez les courgettes, mélangez et servez bien frais.

Conseils
Vous pouvez remplacer la coriandre par de la menthe et le curry par du cumin. Cette recette fonctionne aussi très bien avec du roquefort et des noix.

POUR
4 PERSONNES

PRÉPARATION
10 MIN

- 2 carottes
- ½ céleri-rave
- 1 grosse courgette
- 1 c. à c. de vinaigre de cidre
- 3 c. à s. d'huile d'olive
- 1 c. à c. de miel liquide
- 50 g de pignons de pin
- Sel
- Poivre du moulin

Salade de crudités
aux pignons

1 Épluchez les carottes et le céleri-rave. Lavez la courgette. Râpez tous les légumes ou coupez-les en très fine julienne.

2 Dans un saladier, versez le vinaigre, l'huile et le miel. Salez, poivrez et battez avec une fourchette. Ajoutez les légumes et mélangez bien le tout.

3 Au moment de servir, ajoutez les pignons.

Astuce

Pour donner une saveur orientale à cette salade, vous pouvez ajouter des raisins secs, un peu de mélange quatre-épices et de la coriandre hachée.

Chapitre

4 Douceurs

POUR
10 PERSONNES
PRÉPARATION
25 MIN
REPOS
1 NUIT

Base biscuit
350 g de palets bretons
95 g de beurre fondu

Gâteau vanille-framboise
6 feuilles de gélatine
20 cl de crème liquide entière bien froide
500 g de mascarpone
85 g + 20 g de sucre glace
2 cl de lait
2 c. à s. de vanille liquide
300 g de yaourt grec
100 g de framboises fraîches ou surgelées

Gâteau sans cuisson vanille-framboise

Ce gâteau sans cuisson est ultra fondant et très simple à faire. Prévoyez quelques minutes de préparation et une nuit au réfrigérateur, et le tour est joué !

Base biscuit

1 La veille, mixez les palets bretons et incorporez le beurre fondu.

2 Chemisez les parois d'un moule à charnière de 16 cm de diamètre avec une bande de papier cuisson. Versez la moitié de la base biscuit dans le moule et tassez-la fortement dans le fond à l'aide d'un verre par exemple, et en la faisant remonter sur les côtés. Réservez le reste de la base biscuit à température ambiante et placez le moule au réfrigérateur.

Gâteau vanille-framboise

3 Trempez les feuilles de gélatine dans l'eau froide afin de les ramollir.

4 Dans la cuve bien froide d'un robot pâtissier muni du fouet, versez la crème liquide, le mascarpone et 85 g de sucre glace, puis fouettez le tout vigoureusement. La crème doit épaissir et doubler de volume.

5 Pendant ce temps, faites chauffer le lait et la vanille au four à micro-ondes, puis ajoutez la gélatine égouttée. Mélangez jusqu'à ce qu'elle soit complètement dissoute et réservez.

6 Versez le yaourt grec dans un saladier et incorporez délicatement la crème montée. Ajoutez le lait gélatiné et mélangez délicatement le tout. Versez la mousse obtenue dans le moule sorti du réfrigérateur.

7 Enfoncez les framboises dans la mousse, puis recouvrez le dessus avec le reste des biscuits. On ne doit plus voir de crème. Réservez 1 nuit au réfrigérateur.

8 Le jour même, démoulez le gâteau et saupoudrez-le de sucre glace. Laissez reposer 10 min à température ambiante avant de le découper, et dégustez.

POUR
4 À 6 PERSONNES
PRÉPARATION
20 MIN

1 orange
1 melon
1 grappe de raisin
Quelques fraises
1 c. à s. de miel
1 citron vert
1 c. à c. d'eau de fleur d'oranger
Feuilles de menthe
2 c. à s. d'amandes effilées

Salade de fruits

1 Épluchez l'orange et coupez-la pour recueillir les suprêmes.

2 Coupez le melon en deux, enlevez les pépins à l'aide d'une cuillère, puis coupez des tranches et retirez la peau. Taillez la chair du melon en dés.

3 Égrenez les raisins et coupez-les en deux.

4 Équeutez les fraises et coupez-les en quatre.

5 Mettez les suprêmes d'orange, les dés de melon, les raisins et les fraises dans un saladier. Ajoutez le miel, le jus de citron vert, l'eau de fleur d'oranger et les feuilles de menthe ciselées. Mélangez délicatement.

6 Saupoudrez d'amandes effilées et dégustez.

POUR
1 POT DE 340 G
PRÉPARATION
5 MIN

170 g de biscuits spéculoos
120 g de lait concentré non sucré
50 g de lait concentré sucré

Pâte à tartiner au spéculoos

1 Cassez les biscuits et placez-les dans un blender. Ajoutez les 2 types de lait concentré et mixez le tout. Vous devez obtenir une pâte lisse.

2 Versez la pâte obtenue dans un pot hermétique et réservez au réfrigérateur pour qu'elle puisse figer.

Conseils

La pâte à tartiner se conserve au réfrigérateur pendant une quinzaine de jours. Pour la liquéfier, je vous invite à la placer quelques secondes au micro-ondes.

RECETTE VÉGANE

POUR
4 PERSONNES
PRÉPARATION
5 MIN
CONGÉLATION
2 H MINIMUM

6 bananes coupées en rondelles et congelées

Toppings
2 kiwis
2 fruits de la passion
2 poignées de fruits rouges
2 poignées de granola

Nice cream

La nice cream est plus indulgente pour le corps qu'une crème glacée classique. Parfaite pour un goûter rafraîchissant, vous pouvez aussi la déguster dès le matin si vous voulez, puisqu'elle ne comporte qu'un seul ingrédient : un fruit ! Il faut que vos bananes soient bien mûres, elles peuvent même être tachées : les traces d'oxydation marron montrent qu'elles sont riches en fructose.

1 Déposez les rondelles de banane congelées dans le mixeur, et mixez entre 1 et 5 min selon la puissance de votre appareil, jusqu'à l'obtention d'une belle texture de nice cream.

2 Dressez la nice cream dans des coupes ou des bols de service et agrémentez avec les toppings de votre choix.

Astuce

Pour congeler convenablement les bananes, coupez-les en rondelles épaisses et disposez ces dernières à plat et bien réparties dans un sac de congélation. Laissez congeler au minimum 2 h, vous pourrez ensuite secouer votre sac sans que les rondelles ne se collent entre elles, puis remettre au congélateur et en prendre une poignée quand vous en aurez besoin.

POUR
6 PERSONNES
PRÉPARATION
45 MIN
REPOS
4 H

- 4 œufs entiers
- 100 g de sucre semoule
- 500 g de mascarpone
- 30 g d'amaretto ou de liqueur de café (facultatif)
- 300 g de café fraîchement coulé (légèrement sucré)
- 300 g de biscuits boudoirs
- Cacao amer en poudre

Tiramisu

Grand classique de la cuisine italienne, ce dessert est parfait après un repas léger pour apporter un peu de gourmandise !

1 Séparez les blancs des jaunes d'œufs. Mettez les jaunes dans un bol et ajoutez la moitié du sucre et la totalité du mascarpone. Ajoutez également l'amaretto si vous souhaitez aromatiser votre tiramisu à l'alcool. Battez énergiquement pour obtenir un mélange mousseux.

2 Dans un autre bol, montez les blancs en neige avec la deuxième moitié de sucre. Ajoutez les blancs montés au mélange jaunes-sucre-mascarpone et incorporez-les délicatement, du bas vers le haut, à l'aide d'une maryse.

3 Faites couler du café pour obtenir 300 g de liquide et mettez les biscuits boudoirs à tremper dedans.

4 Dans un plat creux, déposez une couche de biscuits imbibés de café. Déposez ensuite la moitié de l'appareil aux œufs. Recouvrez de la seconde moitié de biscuits, puis déposez de nouveau une couche d'appareil aux œufs. Laissez reposer au frais pendant 4 h minimum.

5 Au moment de servir, saupoudrez de cacao amer.

POUR
6 PERSONNES
PRÉPARATION
20 MIN

½ grosse pastèque
400 g de framboises congelées
20 cl d'eau
6 boules de glace vanille

Soupe pastèque-framboise

En général, ce velouté glacé et léger met tout le monde d'accord.

1 Coupez la chair de la pastèque en gros cubes et déposez-les dans un mixeur avec les framboises congelées. Commencez à mixer et versez l'eau petit à petit : vous pouvez décider d'en mettre plus ou moins selon la consistance désirée. Vous devez obtenir un rendu liquide type velouté ou gaspacho.

2 Versez cette soupe-sorbet dans des coupes ou des bols de service et ajoutez une belle boule de glace vanille. Servez immédiatement.

POUR
6 ESQUIMAUX
PRÉPARATION
5 MIN
CONGÉLATION
2 H

- 50 cl d'eau
- 1 citron vert
- 1 fruit de la passion
- 1 poignée de fruits rouges

Esquimaux fruités

Ces esquimaux peuvent se faire avec absolument tous les fruits frais que vous avez sous la main, et donc en toute saison. Vous pouvez également y incorporer des sirops de fruits pour plus de goût : orgeat, grenadine, pêche... *Spoiler alert* : pour cette recette, vous aurez besoin d'un moule à esquimaux, que vous trouverez facilement dans bon nombre de commerces ou en ligne.

1 Mettez l'eau dans un récipient. Pressez le citron au-dessus afin d'en verser directement le jus. Videz le fruit de la passion de ses graines, mettez-les dans le récipient et ajoutez les fruits rouges. Mélangez délicatement pour ne pas abîmer les fruits.

2 Versez dans un moule à esquimaux en prenant soin de répartir les fruits. Placez au congélateur pendant au moins 2 h.

3 Au moment de déguster, sortez le moule et laissez-le quelques minutes à température ambiante pour qu'il se décongestionne légèrement. Démoulez le nombre d'esquimaux souhaité et remettez le reste au congélateur.

Conseil

Veillez bien à ce que les esquimaux que vous ne consommez pas n'aient pas eu le temps de décongeler : il ne faut jamais remettre au congélateur un aliment déjà décongelé.

POUR
15 BOUCHÉES ENVIRON
PRÉPARATION
20 MIN

50 g d'amandes
200 g de dattes
3 c. à s. de miel
½ c. à c. de cannelle moulue

Enrobage au choix
Noisettes concassées
Graines de sésame
Pistaches réduites en poudre
Noix de coco râpée
Cacahuètes concassées

Bouchées aux amandes et aux dattes

1 Réduisez les amandes en poudre à l'aide d'un mixeur.

2 Dénoyautez les dattes et mixez-les jusqu'à l'obtention d'une pâte homogène.

3 Dans un récipient, mélangez la pâte de datte, le miel, la cannelle et la poudre d'amande.

4 Huilez vos mains, prélevez des petites quantités de pâte et formez des boules de la taille d'une cerise. Roulez-les dans l'enrobage de votre choix. Vous pouvez faire un assortiment de bouchées avec différents enrobages.

POUR
4 PERSONNES
PRÉPARATION
10 MIN
REPOS
1 H 30 À 2 H

- 40 cl de crème liquide entière
- 260 g de mascarpone
- 90 g de sucre glace
- 2 c. à c. de vanille liquide
- 1 tube de caramel au beurre salé Régilait® (ou fait maison)

Sundae au caramel

1 Versez la crème dans la cuve d'un robot pâtissier et placez-la dans le congélateur 10 min.

2 Sortez la cuve du congélateur. Ajoutez le mascarpone, le sucre glace et la vanille liquide. À l'aide du robot muni du fouet, fouettez le tout vivement. Le mélange doit doubler de volume et s'épaissir.

3 Débarrassez la crème dans une poche à douille munie d'une douille 1M. Pochez la crème dans 4 grosses verrines. Placez-les au congélateur entre 1 h 30 et 2 h.

4 Au moment de servir, versez du coulis caramel et dégustez.

Conseils

Le temps de pause au congélateur est une indication, il varie en fonction des congélateurs. La crème glacée est prête lorsqu'elle est surgelée et que l'on peut y plonger la cuillère. En revanche, pensez à sortir vos glaces 15 min avant dégustation si vous les laissez toute la nuit (ou plus) au congélateur. Si vous optez pour un caramel maison, préparez-le avant la crème glacée.

RECETTE VÉGANE · RECETTE VÉGANE ·

POUR
4 PERSONNES
PRÉPARATION
20 MIN

½ pastèque
200 g de fruits rouges congelés
20 cl d'eau
2 bananes coupées en rondelles et congelées
10 cl de lait végétal ou ½ yaourt végétal (facultatif)

Soupe sorbet d'été

1 Coupez la chair de la pastèque en dés grossiers et mettez-les dans un mixeur. Ajoutez-y les fruits congelés.

2 Commencez à mixer et versez l'eau petit à petit. Vous devez obtenir un rendu liquide type velouté ou gaspacho, mais n'hésitez pas à adapter la quantité d'eau selon la consistance qui vous satisfait. Versez cette soupe-sorbet dans des coupes ou des bols.

3 Rincez votre mixeur et déposez-y les rondelles de bananes. Mixez à forte puissance pendant quelques minutes jusqu'à l'obtention d'une consistance de crème glacée. Si la consistance a du mal à se faire, ajoutez le lait ou le demi- yaourt végétal.

4 Ajoutez 1 c. à s. de banane glacée à vos coupes de sorbet et vous obtiendrez un dessert d'été aussi gourmand que léger !

POUR
4 PERSONNES
PRÉPARATION
15 MIN
REPOS
30 MIN

- 1 ananas
- 2 citrons verts
- 20 gouttes d'essence de romarin
- 2 c. à s. de sirop d'agave
- 1 branche de romarin
- Huile végétale

Carpaccio d'ananas,
citron vert

1 Épluchez l'ananas et émincez-le en rondelles fines avec un couteau bien aiguisé. Disposez-les dans un saladier ou un plat.

2 Râpez 1 citron vert et réservez le zeste.

3 Pressez les 2 citrons pour en récupérer le jus. Mélangez le jus des citrons verts avec l'essence de romarin et le sirop d'agave et arrosez les tranches d'ananas. Réservez 30 min au frais.

4 Dressez les tranches d'ananas dans 4 assiettes, puis agrémentez de pointes de romarin et de zeste de citron vert.

Astuce

Vous trouverez l'essence de romarin dans les magasins bio.

POUR
UN POT DE 1 L
PRÉPARATION
10 MIN
REPOS
2 H 30

1 l de crème entière liquide bien froide
2 c. à s. de sucre glace

Toppings

Chocolat (noir, lait, blanc, à vous de voir) fondu

Friandises de votre choix : cacahuètes ou autres noix, Reese's®, Oreo® ou autres cookies émiettés

Fruits coupés : banane, mangue, fraises, framboises, etc.

Frozen chantilly party

Ce dessert, à la croisée des chemins entre la chantilly et le frozen yogurt, est à composer selon les envies de chacun. Un vrai plaisir pour tous les becs sucrés.

1 Au moins 30 min avant de monter la chantilly, placez au frais le bol de votre robot pâtissier ou un cul-de-poule, ainsi que les embouts de votre fouet.

2 Versez la crème liquide dans le récipient froid et battez-la à forte puissance. Si vous utilisez un fouet électrique manuel, fouettez en faisant un geste ample en forme de 8. Lorsqu'une petite mousse commence à se former, ajoutez la moitié du sucre glace, sans arrêter de battre la crème.

3 Attendez que la chantilly monte, puis ajoutez le reste du sucre glace tout en continuant de battre à forte puissance. La chantilly devrait monter en 5 min.

4 Versez la chantilly montée dans un grand bac ou dans un moule adapté, et réservez au congélateur pendant au moins 2 h.

5 Sortez le bac du congélateur environ 10 min avant de servir la frozen chantilly à vos invités.

6 Disposez les toppings de votre choix sur la table afin que chacun agrémente sa chantilly glacée à sa guise.

POUR
6 PERSONNES
PRÉPARATION
25 MIN
REPOS
1 NUIT

500 g de fraises
5 œufs
5 c. à s. de sucre semoule
500 g de mascarpone
2 c. à c. de sirop de fraise
1 petite tasse d'eau
40 biscuits à la cuillère

Tiramisu aux fraises

L'idéal est de réaliser cette recette de tiramisu la veille, pour lui laisser une nuit entière de repos au frais. Si le temps vous manque, quelques heures pourront toutefois faire l'affaire.

1 La veille, séparez les blancs des jaunes d'œufs. Battez les jaunes avec le sucre jusqu'à obtenir la même consistance qu'un sabayon. Ajoutez le mascarpone et le sirop de fraise en mélangeant doucement. Montez les blancs en neige, puis incorporez-les délicatement au mélange précédent.

2 Lavez et équeutez les fraises. Mixez-en 100 g jusqu'à l'obtention d'un coulis et coupez les autres en quatre. Mettez le coulis de fraise dans un bol et ajoutez la tasse d'eau. Plongez les biscuits à la cuillère dans ce liquide afin de bien les imbiber, puis déposez-les au fond d'un plat.

3 Recouvrez d'appareil fraise-mascarpone et ajoutez des quartiers de fraises. Disposez une deuxième couche de biscuits imbibés, puis d'appareil, puis de fraises. Alternez ainsi jusqu'à épuisement des ingrédients en terminant par une épaisse couche d'appareil fraise-mascarpone. Réservez au réfrigérateur 1 nuit.

4 Le jour même, sortez le tiramisu du réfrigérateur et dégustez-le sans attendre.

RECETTE VÉGANE

POUR
4 PERSONNES
PRÉPARATION
15 MIN
REPOS
1 H

- 8 fruits de la passion
- 2 petits ananas victoria
- 1 avocat
- 2 citrons verts
- 20 cl d'eau de coco
- 20 cl de boisson végétale de coco
- 2 bâtons de citronnelle (facultatif)

Bouillon passion,
ananas, coco, avocat

1 Récoltez les graines et le jus des fruits de la passion. Épluchez les ananas et l'avocat, coupez les chairs en gros dés. Pressez les citrons verts et récupérez-en le jus. Mixez le tout ensemble, puis filtrez. Réservez 1 h au frais.

2 Servez le bouillon bien frais dans 4 bols, puis ajoutez éventuellement un demi-bâton de citronnelle sur chacun d'eux.

POUR
4 PERSONNES
PRÉPARATION
10 MIN

600 g de fraises
8 feuilles de menthe
20 g de sucre cassonade
Poivre du moulin
Le zeste de 1 citron
1 filet d'huile d'olive
100 g de fromage blanc

Nage de fraise, menthe et poivre

1 Lavez les fraises et équeutez-les. Prenez 2/3 des fraises, coupez-les en morceaux et mettez-les dans un blender. Ajoutez les feuilles de menthe, le sucre, un tour de poivre du moulin, le zeste de citron et un filet d'huile d'olive. Mixez le tout pour obtenir un coulis, puis débarrassez dans un saladier.

2 Coupez le reste des fraises en morceaux et ajoutez-les au coulis. Laissez mariner 2 h au réfrigérateur.

3 Versez la nage de fraise dans des petits bols et ajoutez un peu de fromage blanc sur le dessus.

4 Ajoutez un peu de zeste de citron, de la menthe ciselée et un tour de poivre du moulin.

POUR
4 PERSONNES
PRÉPARATION
10 MIN

- 200 g de crème liquide entière
- 250 g de fromage blanc fermier
- 1 c. à s. d'eau de fleur d'oranger
- 50 g de miel liquide de qualité
- 150 g de fraises
- 2 fruits de la passion
- 30 g de miel pour la finition

Fontainebleaux
au miel

1 Fouettez la crème liquide bien froide pour obtenir une crème montée.

2 Fouettez le fromage blanc avec l'eau de fleur d'oranger et le miel. Incorporez délicatement la crème montée pour obtenir un mélange onctueux. Répartissez ce dernier dans des coupes ou des bols de service.

3 Lavez les fraises, équeutez-les et coupez-les en morceaux. Coupez les fruits de la passion en deux et récupérez les grains. Déposez les morceaux de fraises ainsi que le fruit de la passion sur les fontainebleaux. Arrosez d'un filet de miel et servez aussitôt.

POUR
12 GÂTEAUX
PRÉPARATION
20 MIN
REPOS
30 MIN

125 g de palets bretons
140 g de mascarpone
70 g de pâte à tartiner
1 c. à c. de vanille liquide
30 g de noix de coco râpée

Décoration
50 g de noix de coco râpée
130 g de pâte à tartiner

Coco-choc

Ces petites gourmandises sans cuisson sont de véritables merveilles ; elles fondent dans la bouche, sont faciles et très rapides à préparer. Il s'agit d'une version twistée des kokosova, petits gâteaux originaires d'Europe de l'Est, avec l'ajout du mascarpone qui apporte une petite touche de gourmandise supplémentaire.

1 Mixez les palets bretons dans un mixeur, puis débarrassez la poudre obtenue dans un saladier et mélangez-la avec le mascarpone, la pâte à tartiner, la vanille et la noix de coco râpée. Formez des petites boules et appuyez légèrement au centre pour faire un puits.

Décoration

2 Plongez les boules dans la noix de coco râpée, puis placez-les sur une plaque et réservez au réfrigérateur pendant 10 min.

3 Mettez la pâte à tartiner dans une poche à douille et mettez-la au réfrigérateur pendant 20 min. Pochez la pâte à tartiner froide dans le puits de chaque bouchée et dégustez.

Astuce

Dans la version originale, les biscuits mixés sont cuits dans un sirop de sucre avant d'être mélangés au reste des ingrédients.

Chapitre

5

Boissons

RECETTE VÉGANE · RECETTE VÉGANE ·

POUR
4 PERSONNES

PRÉPARATION
10 MIN

- 4 poignées de fraises
- 2 bananes (facultatif)
- 1 beau morceau de gingembre frais (selon votre goût)
- 1l d'eau de coco
- 4 c. à s. de purée d'amande blanche
- 2 c. à c. de matcha en poudre
- 2 c. à c. de maca en poudre
- 2 c. à c. de spiruline en poudre

Spring smoothie matcha-fraise

Le *green*, c'est chic ! Et délicieux aussi. Très énergisant et léger, ce smoothie bourré d'antioxydants est excellent pour la peau et… la forme ! Le matcha est une poudre de thé vert antioxydante et anti-âge qui améliore la concentration, renforce le système immunitaire, et calme le cerveau tout en donnant une énergie prolongée pour toute la journée.

1 Lavez les fraises, puis retirez le pédoncule et coupez-les en morceaux. Pelez les bananes, si vous en utilisez, et coupez-les en morceaux. Pelez le gingembre et râpez-le.

2 Mettez les fruits dans un blender, puis ajoutez le gingembre râpé, l'eau de coco, la purée d'amande, le matcha, le maca et la spiruline. Mixez jusqu'à l'obtention d'un smoothie crémeux.

Astuce

À boire tout de suite ou à mettre dans une gourde pour qu'il vous accompagne toute la journée !

POUR
4 VERRES
PRÉPARATION
10 MIN

8 oranges
2 citrons jaunes
2 c. à s. d'eau de fleur d'oranger
1 c. à s. de miel
Quelques feuilles de menthe fraîche

Jus d'orange parfumé à la fleur d'oranger

1 Coupez les oranges et les citrons en deux. Pressez-les pour récupérer les jus.

2 Versez-les dans une carafe et ajoutez l'eau de fleur d'oranger, le miel et les feuilles de menthe. Mélangez et servez bien frais.

RECETTE VÉGANE

POUR
1 VERRE
PRÉPARATION
5 MIN
REPOS
15 MIN

5 cl de rhum blanc
1 poignée de feuilles de menthe
1 c. à c. de sucre roux
1 citron vert bien juteux, non traité
1 c. à c. de sel mélangé à ½ c. à c. de cannelle
15 cl de limonade
½ fruit de la passion

Mojito nuevo

Ceci est une version twistée du traditionnel mojito. Les quantités sont données pour faire un cocktail ; multipliez-les en fonction du nombre d'invités !

1 Mettez préalablement le verre au congélateur pendant 15 min.

2 Dans un shaker, écrasez les feuilles de menthe avec le sucre roux, le citron vert coupé en quartiers et le rhum blanc.

3 Disposez sur une petite assiette le sel à la cannelle, en forme de cercle, afin que cette forme épouse le bord du verre.

4 Sortez le verre du congélateur et collez le bord au mix sel-cannelle : la condensation devrait l'y fixer. Sinon, frottez le bord du verre avec un quartier de citron vert avant de le tremper dans le sel.

5 Versez la limonade puis les graines et le jus du fruit de la passion. Dégustez bien frais !

POUR
1 L ENVIRON
PRÉPARATION
5 MIN

100 g de yaourt grec
1 l d'eau
5 g de sel

Ayran

1 Dans un grand saladier, versez le yaourt, l'eau et le sel.

2 Avec un fouet électrique, battez le mélange jusqu'à l'obtention d'une mousse légère.

3 Transférez dans un pichet et servez frais.

POUR
4 PERSONNES
PRÉPARATION
10 MIN

- 6 kiwis
- 2 avocats
- 2 bananes
- 2 citrons
- 15 g de mâche
- 250 g de yaourt
- 2 verres d'eau

Green smoothie kiwi-avocat

1 Épluchez les kiwis et les avocats, puis coupez-les. Pelez les bananes et coupez-les en rondelles. Pressez les citrons pour en récupérer le jus. Mixez le tout dans un blender.

2 Ajoutez la mâche, le yaourt et l'eau, puis mixez à nouveau.

3 Servez bien frais dans 4 verres.

Astuce

Il est préférable de mettre les verres quelques minutes au congélateur avant de servir le smoothie.

POUR
1 VERRE
PRÉPARATION
5 MIN

2,5 cl de sirop de sureau
4 framboises
½ citron vert
Glace pilée
5 cl de St-Germain®
Eau pétillante

RECETTE VÉGANE

Cocktail sureau et framboise

Ce cocktail est original et frais. Les quantités sont données pour faire un cocktail ; multipliez-les en fonction du nombre d'invités !

1 Coupez le citron vert en morceaux et mettez-les dans 1 verre. Ajoutez les framboises et écrasez le tout au pilon.

2 Remplissez les verres de glace pilée. Versez le sirop de sureau et le St-Germain®, puis complétez avec de l'eau pétillante.

3 Mélangez à la cuillère et dégustez bien frais.

POUR
4 PERSONNES
PRÉPARATION
15 MIN

- 150 g de dattes
- 50 cl de lait d'amande
- 1 yaourt nature
- 30 g de sucre

Lait de datte

Le lait de datte est une boisson gourmande et sucrée qui peut se déguster tiède ou très fraîche, en fonction de vos envies.

1 Dénoyautez les dattes et hachez-les à l'aide d'un mixeur.

2 Ajoutez le lait au fur et à mesure, tout en continuant de mixer.

3 Ajoutez le yaourt nature, le sucre, et mixez à nouveau.

4 Passez la préparation au chinois ou à travers une passoire et servez.

POUR
6 PERSONNES
PRÉPARATION
10 MIN

- 600 g de fruits rouges surgelés
- 4 yaourts nature
- 150 g de sucre
- 30 cl de lait
- 2 c. à c. de vanille liquide

Smoothie lacté aux fruits rouges

1 Mettez les fruits rouges surgelés dans un blender. Ajoutez les yaourts, le sucre, le lait et la vanille liquide, puis mixez. Vous devez obtenir une préparation lisse et veloutée.

2 Dégustez bien frais.

Astuce

Ce smoothie se conserve sans problème 1 nuit au réfrigérateur.

POUR
6 PERSONNES
PRÉPARATION
5 MIN

500 g de glace vanille de qualité
6 cafés expresso

Affogato

En français, « affogato » se traduirait par « noyé dans le café ». Et c'est bien ce qui arrive à la boule de glace ! L'affogato est traditionnellement servi après le déjeuner ; il donne un super coup de fouet car il allie parfaitement le café avec la petite dose de sucre nécessaire.

1 Dans des tasses assez grandes, faites couler 6 cafés.

2 Déposez une boule de glace vanille sur chaque café et servez immédiatement.

Astuce

On peut aussi ajouter de l'amaretto et de la poudre de cacao pour le décor. Les plus gourmands y ajoutent même de la chantilly maison.

POUR **4 PERSONNES**	60 g de mélange de thés noirs
	150 cl d'eau froide
PRÉPARATION **10 MIN**	25 g de purée de pêche
	8 cl de jus de citron vert
REPOS **12 H**	4 c.à c. de miel
	8 tranches de pêche blanche

Thé glacé pêche, citron et miel

L'infusion à froid suppose de commencer cette recette la veille, mais elle permet de conserver le thé plus longtemps. Une infusion à l'eau bouillante est possible seulement si ce thé glacé est destiné à être consommé le jour même.

1 La veille, mettez le thé dans l'eau. Laissez infuser à froid pendant 12 h minimum.

2 Le jour même, filtrez.

3 Dans un shaker, mettez 40 cl de l'infusion de thés, puis ajoutez la purée de pêche, le jus de citron vert et le miel. Shakez avec quelques glaçons.

4 Versez dans 4 verres, puis décorez chaque verre avec 2 fines tranches de pêche. Dégustez sans attendre.

Conseil

Pour ce thé glacé, l'idéal est de mélanger 3 thés noirs hongkongais de type assam, yunnan impérial et kelani. Vous pouvez mettre 50 % du premier et 25 % des deux autres pour apporter un côté parfumé et corsé à la fois. L'équilibre de la boisson est ainsi parfait.

RECETTE VÉGANE · RECETTE VÉGANE

POUR
4 À 6 PERSONNES

PRÉPARATION
15 MIN

REPOS
24 H

250 g de souchet épluché
1 à 2 l d'eau

Horchata de chufa

C'est une recette un peu longue car il faut laisser tremper les graines de souchet, mais vous serez très content de la fraîcheur de cette boisson !

1 Lavez les graines de souchet avec soin pour évacuer les débris terreux. Faites-les tremper au moins 24 h dans 2 fois leur volume d'eau. Frottez les tubercules entre eux et rincez pour éliminer les résidus. À la fin du trempage, égouttez et rincez plusieurs fois, jusqu'à obtenir une eau claire.

2 Dans le bol d'un blender puissant, déposez les souchets et 1 à 2 l d'eau selon la consistance souhaitée. Mixez en plusieurs impulsions pour bien écraser toutes les graines.

3 Filtrez à l'aide d'un linge étamine ou d'un chinois pour obtenir une boisson fluide. Ajoutez des glaçons et servez bien frais.

4 Vous pouvez ajouter un peu de sucre cassonade au moment de servir.

POUR
4 PERSONNES
PRÉPARATION
25 MIN

Crème fouettée
300 g de crème liquide entière
100 g de mascarpone
2 c. à c. de vanille liquide
4 c. à s. de sucre glace

Milkshake
500 g de glace vanille
320 g de fraises surgelées
14 cl de lait
60 g de sucre
2 c. à c. de vanille liquide

Décoration
2 fraises
2 c. à c. de noisettes hachées

Milkshake à la fraise

Crème fouettée

1 Versez la crème liquide dans le bol d'un robot pâtissier muni du fouet. Ajoutez le mascarpone, la vanille liquide et le sucre glace, puis fouettez jusqu'à ce que la crème double de volume et forme un bec d'oiseau.

2 Débarrassez-la dans une poche munie d'une douille 1M, puis réservez au réfrigérateur le temps de préparer le milkshake.

Milkshake

3 Mettez la glace, les fraises surgelées, le lait, le sucre et la vanille liquide dans un blender, puis mixez le tout. Vous devez obtenir une préparation lisse.

4 Versez la préparation dans 4 grands verres et pochez la crème fouettée sur le dessus.

5 Décorez chaque verre avec une demi-fraise et quelques brisures de noisettes hachées.

Conseil

Vous pouvez remplacer les fraises surgelées par des fraises fraîches dans cette recette. En revanche, dans ce cas, n'utilisez que 4 cl de lait, car les fraises fraîches sont très juteuses et apportent davantage d'eau.

POUR
4 GRANDS MILKSHAKES

PRÉPARATION
10 MIN

Décoration

6 biscuits Oreo®
1 filet de nappage chocolat
1 bombe de crème Chantilly

Milkshake

140 g de biscuits Oreo®
600 g de crème glacée vanille
400 g de lait
2 c. à c. de vanille liquide

Milkshake Oreo®

Si vous êtes amateur de la saveur douce et sucrée des biscuits Oreo®, cette recette est faite pour vous. C'est une version du milkshake à la fois gourmande, crémeuse et rafraîchissante.

Décoration

1 Mixez 3 des biscuits Oreo® pour la décoration. Versez le nappage chocolat en filet sur les bords de 2 grands verres, puis collez les miettes de biscuits dessus.

2 Dans un blender ou un mixeur, placez les biscuits Oreo® puis mixez quelques secondes. Ajoutez la crème glacée, le lait et la vanille, puis mixez à nouveau 20 s : il ne doit plus y avoir de morceaux.

3 Versez le milkshake dans les verres et pochez la crème Chantilly sur le dessus.

4 Écrasez grossièrement les 3 autres biscuits pour la décoration et parsemez-les sur la crème. Plantez une paille et dégustez frais.

Astuce

La préparation de ces milkshakes se fait à la minute : ils doivent se déguster bien frais.

POUR
4 PERSONNES
PRÉPARATION
8 MIN

500 g de mangue surgelée
4 yaourts nature
120 g de sucre
2 c. à c. de vanille liquide
160 g de lait

Lassi

D'origine indienne, cette boisson crémeuse et très rafraîchissante est une pure douceur en bouche. En plus, elle est très simple et rapide à faire.

1 Placez 250 g de mangue surgelée dans un mixeur et ajoutez 1 yaourt, 60 g de sucre, 1 c. à c. de vanille et 40 g de lait. Mixez pendant quelques secondes, la consistance doit ressembler à celle d'un sorbet.

2 Ajoutez 1 yaourt ainsi que 40 g de lait et mixez à nouveau le tout quelques secondes. Vous devez obtenir une préparation semi-liquide.

3 Servez le lassi dans 2 verres et réservez au frais.

4 Recommencez la même opération avec la seconde moitié des ingrédients et servez les 4 verres bien frais.

Astuce

Vous pouvez utiliser de la mangue fraîche, dans ce cas ajoutez 3 glaçons dans le blender. La mangue surgelée est toutefois plus recommandée car elle permet d'obtenir une boisson bien frappée.

Annexes

TABLE DES MATIÈRES

Chapitre 3

Salades colorées 113

Chapitre 4

Douceurs 163

Chapitre 5

Boissons 199

Annexes de fin 229

INDEX DES RECETTES
PAR ORDRE ALPHABÉTIQUE

INDEX DES RECETTES PAR TYPE

TARTINADES ET CONDIMENTS

TARTINES ET SANDWICHS

FRUITS ET LÉGUMES CRUS

SOUPES FROIDES

SALADES

POISSONS ET FRUITS DE MER

VIANDES ET VOLAILLES

CRÈMES ET MOUSSES

GLACES ET SORBETS

GÂTEAUX ET PETITS GÂTEAUX

SHAKES ET SMOOTHIES

JUS ET COCKTAILS

RECETTES VEGGIES (SALÉES)

RECETTES VEGANES

INDEX DES PRODUITS

Directrice
Aurore Charoy

Éditrice
Jessica Rostain

Direction artistique
et conception graphique
Justeciel

Responsable des partenariats
et droits étrangers
Stéphanie Bardon
stephanie.bardon@webedia-group.com

Conception des recettes
Noémie Bourrié, Cyrielle Boutaud, Damien Duquesne, Thomas Feller, Alan Geaam, Denny Imbroisi, Mehdiya Kerairia, Rebecca Leffler, Caroline Lesguillons, Marine Néglot, Malika Oualli

Imprimé en Chine par Toppan sur du papier FSC provenant de bois gérés de manière responsable.

MIXTE
Papier | Pour une gestion forestière responsable
FSC® C104723
FSC www.fsc.org

ISBN : 978-2-38184-073-4
Dépôt légal : 2e trimestre 2024

2 rue Paul Vaillant-Couturier
92532 Levallois-Perret Cedex

Crédits photographiques
P. 2 : © Mariana Medvedeva / Unsplash ; p. 3 : © Adam Bartoszewicz / Unsplash ; pp. 21, 23, 28, 35, 51, 60, 71, 81, 89, 93, 99, 100, 107, 108, 111, 115, 122, 141, 153, 157, 159, 161, 173, 207, 217, 221 : © Rina Nurra ; pp. 25, 41, 55, 171, 174, 177, 187, 205 : © Betül Balkan ; pp. 27, 31, 44, 59, 119, 127, 139, 146, 154 : © Caroline Lesguillons ; pp. 33, 132, 166, 179, 202, 213 : © Paula Soryano ; pp. 36, 63 : © Sandrine Saadi (Studio Basilic) ; pp. 39, 57, 67, 69, 75, 87, 117, 129, 137, 145, 185, 191 : © Edouard Sicot ; pp. 46, 73, 76, 97, 121, 125, 131, 149, 192 : © Zoé et Blaise ; pp. 43, 49, 52, 85, 103, 105, 135, 189 : © Marine Néglot ; p. 79 : © Dorian Nieto et © Nadia Arestan ; pp. 82, 90, 195, 210 : © Dorian Nieto ; pp. 95, 209 : © Spatule Prod ; pp. 143, 182, 201 : © Zoé Fidji ; pp. 151, 219 : © Pierre Lucet-Penato ; pp. 165, 169, 181, 197, 215, 222, 225, 227 : © Sawssen Sahli.